建筑与市政工程施工现场专业人员职业标准培训教材

劳务员核心考点模拟与解析

建筑与市政工程施工现场专业人员职业标准培训教材编委会　编写

中国建筑工业出版社

图书在版编目（CIP）数据

劳务员核心考点模拟与解析 / 建筑与市政工程施工
现场专业人员职业标准培训教材编委会编写. — 北京：
中国建筑工业出版社，2023.6（2025.6 重印）
建筑与市政工程施工现场专业人员职业标准培训教材
ISBN 978-7-112-28639-3

Ⅰ. ①劳… Ⅱ. ①建… Ⅲ. ①建筑工程－劳务－管理
－职业培训－教材 Ⅳ. ①F407.94

中国国家版本馆 CIP 数据核字（2023）第 069429 号

本书分上下两篇，上篇为《通用与基础知识》、下篇为《岗位知识与专业技能》，所有章节名称与相应
专业的《建筑与市政工程施工现场专业人员职业标准培训教材（第三版）》相对应，规范类考点增加了原
书内容页码，以便考生查找，对照学习。

本书可供施工现场专业人员之劳务员学习参考使用，也可供行业相关从业人员学习使用。

责任编辑：赵云波　李　杰　李　慧
责任校对：张　颖
校对整理：赵　菲

建筑与市政工程施工现场专业人员职业标准培训教材
劳务员核心考点模拟与解析
建筑与市政工程施工现场专业人员职业标准培训教材编委会　编写
*
中国建筑工业出版社出版、发行（北京海淀三里河路 9 号）
各地新华书店、建筑书店经销
北京红光制版公司制版
建工社（河北）印刷有限公司印刷
*
开本：787 毫米×1092 毫米　1/16　印张：12¼　字数：294 千字
2023 年 6 月第一版　　2025 年 6 月第二次印刷
定价：**43.00** 元
ISBN 978-7-112-28639-3
（41033）

编 委 会

前　言

为落实住房和城乡建设部发布的行业标准《建筑与市政工程施工现场专业人员职业标准》JGJ/T 250，进一步规范建设行业施工现场专业人员岗位培训工作，贴合培训测试需求。本书以《劳务员通用与基础知识（第三版）》《劳务员岗位知识与专业技能（第三版）》为蓝本，依据职业标准相配套的考核评价大纲，总结提取教材中的核心考点，指导考生学习与复习；并结合往年考试中的难点和易错考点，配以相应的测试题，增强考生对知识点的理解，提升其应试能力，本书更贴合考试需求。

本书分上下两篇，上篇为《通用与基础知识》，下篇为《岗位知识与专业技能》，所有章节名称与相应专业的《劳务员通用与基础知识（第三版）》《劳务员岗位知识与专业技能（第三版）》相对应，本书的知识点均标注了对应第三版教材中的页码，以便考生查找，对照学习。

本书上篇教材点睛共 60 个考点，下篇教材点睛共 50 个考点，共计 110 个考点。全书考点分为四类，即一般考点（其后无标注），核心考点（"★"标识），易错考点（"●"标识），核心考点＋易错考点（"★●"标识）。

配套巩固练习题约 800 余道，题型分为判断题、单选题、多选题三类。

本书由北京筑友锐成工程咨询有限公司总经理许宁担任主编。由浙江工业大学工程设计集团有限公司姚哲豪担任副主编。

由于编写时间有限，书中难免存在不妥之处，敬请广大读者批评指正。

目　　录

下篇　岗位知识与专业技能

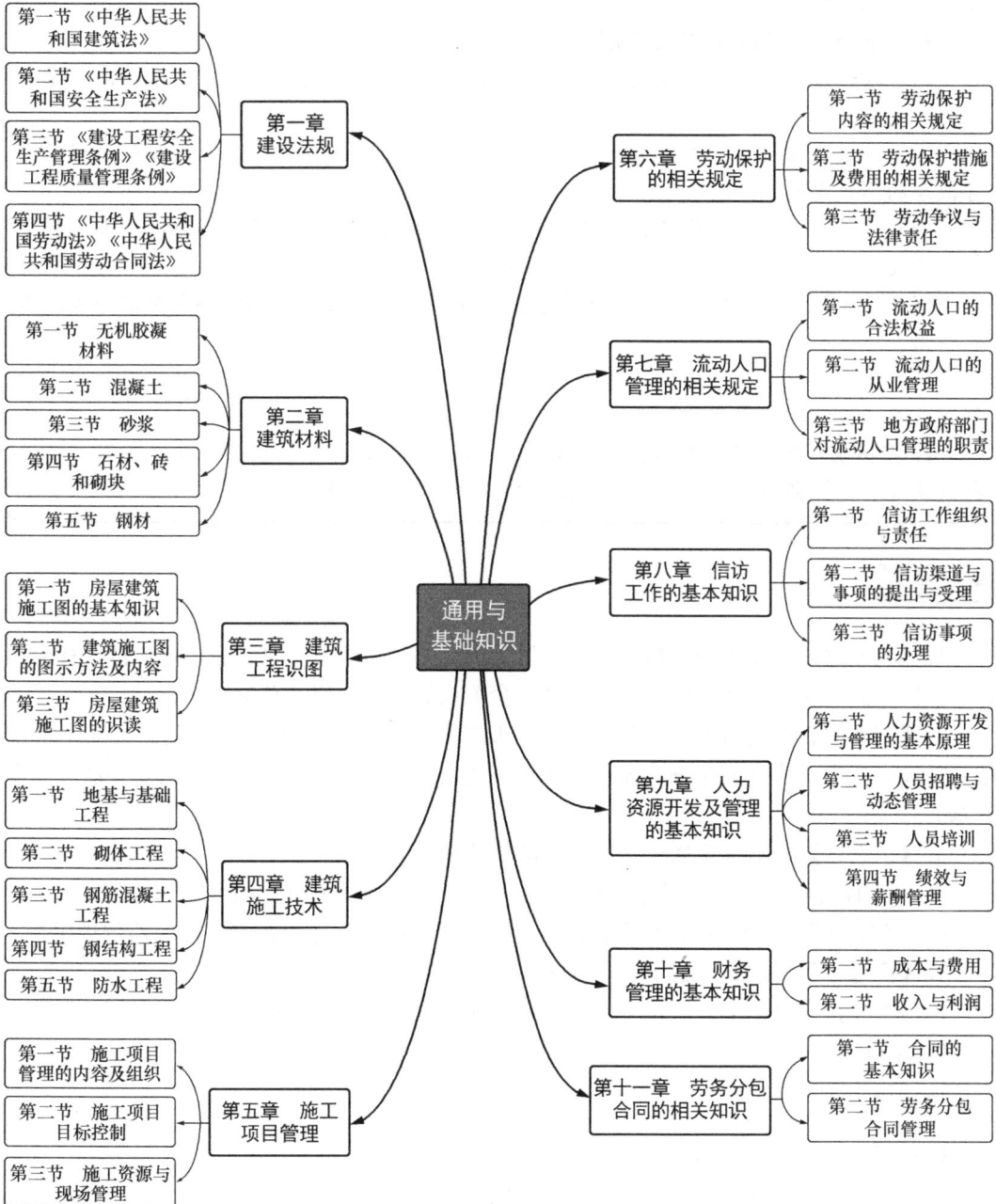

上 篇

通用与基础知识

知识点导图

第一节 《中华人民共和国建筑法》

第二节 《中华人民共和国安全生产法》

第三节 《建设工程安全生产管理条例》《建设工程质量管理条例》

第四节 《中华人民共和国劳动法》《中华人民共和国劳动合同法》

第一章 建设法规

第一节 无机胶凝材料

第二节 混凝土

第三节 砂浆

第四节 石材、砖和砌块

第五节 钢材

第二章 建筑材料

第一节 房屋建筑施工图的基本知识

第二节 建筑施工图的图示方法及内容

第三节 房屋建筑施工图的识读

第三章 建筑工程识图

第一节 地基与基础工程

第二节 砌体工程

第三节 钢筋混凝土工程

第四节 钢结构工程

第五节 防水工程

第四章 建筑施工技术

第一节 施工项目管理的内容及组织

第二节 施工项目目标控制

第三节 施工资源与现场管理

第五章 施工项目管理

通用与基础知识

第一节 劳动保护内容的相关规定

第二节 劳动保护措施及费用的相关规定

第三节 劳动争议与法律责任

第六章 劳动保护的相关规定

第一节 流动人口的合法权益

第二节 流动人口的从业管理

第三节 地方政府部门对流动人口管理的职责

第七章 流动人口管理的相关规定

第一节 信访工作组织与责任

第二节 信访渠道与事项的提出与受理

第三节 信访事项的办理

第八章 信访工作的基本知识

第一节 人力资源开发与管理的基本原理

第二节 人员招聘与动态管理

第三节 人员培训

第四节 绩效与薪酬管理

第九章 人力资源开发及管理的基本知识

第一节 成本与费用

第二节 收入与利润

第十章 财务管理的基本知识

第一节 合同的基本知识

第二节 劳务分包合同管理

第十一章 劳务分包合同的相关知识

第一章 建 设 法 规

考点 1：建设法规构成概述★●

教材点睛 教材① P1～P2

1. 我国建设法规体系的五个层次

（1）建设法律：全国人民代表大会及其常务委员会制定通过，由国家主席以主席令的形式发布。

（2）建设行政法规：国务院制定，国务院常务委员会审议通过，由国务院总理以国务院令的形式发布。

（3）建设部门规章：住房和城乡建设部制定并颁布，或与国务院其他有关部门联合制定并发布。

（4）地方性建设法规：省、自治区、直辖市人民代表大会及其常委会制定颁布；本地适用。

（5）地方建设规章：省、自治区、直辖市人民政府以及省会（自治区首府）城市和经国务院批准的较大城市的人民政府制定颁布的；本地适用。

2. 建设法规体系各层次间的法律效力：上位法优先原则，依次为建设法律、建设行政法规、建设部门规章、地方性建设法规、地方建设规章。

巩固练习

1.【判断题】建设法规是指国家立法机关制定的旨在调整国家、企事业单位、社会团体、公民之间，在建设活动中发生的各种社会关系的法律法规的总称。　　　（　　）

2.【判断题】在我国的建设法规的五个层次中，法律效力的层级是上位法高于下位法，具体表现为：建设法律→建设行政法规→建设部门规章→地方性建设法规→地方建设规章。　　　（　　）

3.【单选题】以下法规属于建设行政法规的是（　　）。

A.《工程建设项目施工招标投标办法》　　B.《中华人民共和国城乡规划法》

C.《建设工程安全生产管理条例》　　D.《实施工程建设强制性标准监督规定》

4.【多选题】下列属于我国建设法规体系的是（　　）。

A. 建设行政法规　　　　　　　　　　B. 地方性建设法规

C. 建设部门规章　　　　　　　　　　D. 建设法律

E. 地方法律

【答案】1. ×；2. √；3. C；4. ABCD

---

① 本书上篇涉及的教材，指《劳务员通用与基础知识（第三版）》，请读者结合学习。

第一节 《中华人民共和国建筑法》

考点 2：建筑法的立法目的

教材点睛　教材 P2

　　1.《中华人民共和国建筑法》（以下简称《建筑法》）的立法目的：加强对建筑活动的监督管理，维护建筑市场秩序，保证建筑工程的质量和安全，促进建筑业健康发展。

　　2. 现行《建筑法》是 2019 年修订施行的。

考点 3：从业资格的有关规定★●

教材点睛　教材 P2～P5

　　法规依据：《建筑法》第十二～第十四条；《建筑业企业资质标准》
　　建筑业企业的资质
　　（1）建筑业企业资质序列：施工综合、施工总承包、专业承包和专业作业四个序列。（详见 P2 表 1-1）
　　（2）建筑业企业资质等级：施工综合资质不分等级，施工总承包资质分为甲级、乙级两个等级，专业承包资质一般分为甲级、乙级两个等级（部分专业不分等级），专业作业资质不分等级。（详见 P2 表 1-1）
　　（3）承揽业务的范围
　　1）施工综合企业和施工总承包企业：可以承接施工总承包工程。其中建筑工程、市政公用工程施工总承包企业承包工程范围分别见表 1-2、表 1-3（P3-P4）。
　　2）专业承包企业：可以承接具有施工综合资质和施工总承包资质的企业依法分包的专业工程或建设单位依法发包的专业工程。其中，与建筑工程、市政公用工程相关的专业承包企业承包工程的范围见表 1-4（P4）。
　　3）专业作业企业：可以承接具有上述三个承包资质企业分包的专业作业。

巩固练习

　　1.【判断题】《建筑法》的立法目的在于加强对建筑活动的监督管理，维护建筑市场秩序，保证建筑工程的质量和安全，促进建筑业健康发展。　　　　　　　　（　　）
　　2.【判断题】地基与基础工程专业乙级承包企业可承担深度不超过 24m 的刚性桩复合地基处理工程的施工。　　　　　　　　　　　　　　　　　　　　　　　（　　）
　　3.【判断题】承包建筑工程的单位只要实际资质等级达到法律规定，即可在其资质等级许可的业务范围内承揽工程。　　　　　　　　　　　　　　　　　　　　（　　）
　　4.【判断题】专业作业企业可以承接具有施工综合、施工总承包、专业承包资质企业分包的专业作业。　　　　　　　　　　　　　　　　　　　　　　　　　（　　）

5.【单选题】下列各选项中，不属于《建筑法》规定约束的是(　　)。

A. 建筑工程发包与承包

B. 建筑工程涉及的土地征用

C. 建筑安全生产管理

D. 建筑工程质量管理

6.【单选题】建筑业企业资质等级，是由(　　)按资质条件把企业划分成为不同等级。

A. 国务院行政主管部门　　　　　　B. 国务院资质管理部门

C. 国务院工商注册管理部门　　　　D. 国务院

7.【单选题】按照《建筑业企业资质管理规定》，建筑业企业资质分为(　　)四个序列。

A. 特级、一级、二级

B. 一级、二级、三级

C. 甲级、乙级、丙级

D. 施工综合、施工总承包、专业承包和专业作业

8.【单选题】按照《建筑法》规定，建筑业企业各资质等级标准和各类别等级资质企业承担工程的具体范围，由(　　)会同国务院有关部门制定。

A. 国务院国有资产管理部门

B. 国务院建设行政主管部门

C. 该类企业工商注册地的建设行政主管部门

D. 省、自治区及直辖市建设行政主管部门

9.【单选题】以下建筑装修装饰工程的乙级专业承包企业不可以承包工程范围的是(　　)。

A. 单位工程造价 3400 万元及以下建筑室内、室外装修装饰工程的施工

B. 单位工程造价 1200 万元及以下建筑室内、室外装修装饰工程的施工

C. 除建筑幕墙工程外的单位工程造价 2400 万元及以上建筑室内、室外装修装饰工程的施工

D. 单项合同额 2000 万元及以下的建筑装修装饰工程，以及与装修工程直接配套的其他工程

【答案】1. √；2. √；3. ×；4. √；5. B；6. A；7. D；8. B；9. A

考点 4：《建筑法》关于建筑安全生产管理的规定★●

<u>教材点睛</u>　教材 P5~P7

法规依据：《建筑法》第三十六条、第三十八条、第三十九条、第四十一条、第四十四条~第四十八条、第五十一条。

1. 建筑安全生产管理方针："安全第一、预防为主"。

教材点睛 教材 P5～P7(续)

2. 建设工程安全生产基本制度

(1) 安全生产责任制度:包括企业各级领导人员的安全职责、企业各有关职能部门的安全生产职责以及施工现场管理人员及作业人员的安全职责三个方面。

(2) 群防群治制度:要求建筑企业职工在施工中应当遵守有关生产的法律、法规和建筑行业安全规章、规程,不得违章作业;对于危及生命安全和身体健康的行为有权提出批评、检举和控告。

(3) 安全生产教育培训制度:安全生产,人人有责。要求全员培训,未经安全生产教育培训的人员,不得上岗作业。

(4) 伤亡事故处理报告制度:事故发生时及时上报,事故处理遵循"四不放过"【P7】的原则。

(5) 安全生产检查制度:是安全生产的保障,通过检查发现问题,查出隐患,采取有效措施,堵塞漏洞,做到防患于未然。

(6) 安全责任追究制度:对于没有履行职责造成人员伤亡和事故损失的参见单位,视情节给予相应处理;情节严重的,责令停业整顿,降低资质等级或吊销资质证书;构成犯罪的,依法追究刑事责任。

巩固练习

1.【判断题】《建筑法》第三十六条规定:建筑工程安全生产管理必须坚持"安全第一、预防为主"的方针。其中安全第一是安全生产方针的核心。 ( )

2.【判断题】群防群治制度是建筑生产中最基本的安全管理制度,是所有安全规章制度的核心,是"安全第一、预防为主"方针的具体体现。 ( )

3.【单选题】建筑工程安全生产管理必须坚持"安全第一、预防为主"的方针。预防为主体现在建筑工程安全生产管理的全过程中,具体是指( )、事后总结。

A. 事先策划、事中控制　　　　　　B. 事前控制、事中防范

C. 事前防范、监督策划　　　　　　D. 事先策划、全过程自控

4.【单选题】以下关于建设工程安全生产基本制度的说法中,正确的是( )。

A. 群防群治制度是建筑生产中最基本的安全管理制度

B. 建筑施工企业应当对直接施工人员进行安全教育培训

C. 安全检查制度是安全生产的保障

D. 施工中发生事故时,建筑施工企业应当及时清理事故现场并向建设单位报告

5.【单选题】针对事故发生的原因,提出防止相同或类似事故发生的切实可行的预防措施,并督促事故发生单位加以实施,以达到事故调查和处理的最终目的。此款符合"四不放过"事故处理原则的( )原则。

A. 事故原因不清楚不放过　　　　　B. 事故责任者和群众没有受到教育不放过

C. 事故责任者没有处理不放过　　　D. 事故隐患不整改不放过

6.【单选题】建筑施工单位的安全生产责任制主要包括各级领导人员的安全职责、

（　　）以及施工现场管理人员及作业人员的安全职责三个方面。

  A. 项目经理部的安全管理职责

  B. 企业监督管理部的安全监督职责

  C. 企业各有关职能部门的安全生产职责

  D. 企业各级施工管理及作业部门的安全职责

7.【单选题】按照《建筑法》规定，鼓励企业为（　　）办理意外伤害保险，支付保险费。

  A. 从事危险作业的职工　　　　　　B. 现场施工人员

  C. 全体职工　　　　　　　　　　　D. 特种作业操作人员

8.【多选题】建设工程安全生产基本制度包括：安全生产责任制度、群防群治制度、（　　）等几个方面。

  A. 安全生产教育培训制度　　　　　B. 伤亡事故处理报告制度

  C. 安全生产检查制度　　　　　　　D. 防范监控制度

  E. 安全责任追究制度

9.【多选题】在进行生产安全事故报告和调查处理是，必须坚持"四不放过"的原则，包括（　　）。

  A. 事故原因不清楚不放过　　　　　B. 事故责任者和群众没有受到教育不放过

  C. 事故单位未处理不放过　　　　　D. 事故责任者没有处理不放过

  E. 没有制定防范措施不放过

【答案】1. ×；2. ×；3. A；4. C；5. D；6. C；7. A；8. ABCE；9. ABD

考点5：《建筑法》关于质量管理的规定★

教材点睛　教材P7~P8

  法规依据：《建筑法》第五十二条、第五十四条、第五十五条、第五十八条～第六十二条。

  1. 建设工程竣工验收制度：是对工程是否符合设计要求和工程质量标准所进行的检查、考核工作。建筑工程竣工经验收合格后，方可交付使用；未经验收或者验收不合格的，不得交付使用。

  2. 建设工程质量保修制度：在《建筑法》规定的保修期限内，因勘察、设计、施工、材料等原因造成的质量缺陷，应当由施工承包单位负责维修、返工或更换，由责任单位负责赔偿损失。对促进建设各方加强质量管理，保护用户及消费者的合法权益可起到重要的保障作用。

巩固练习

  1.【判断题】在建设工程竣工验收后，在规定的保修期限内，因勘察、设计、施工、材料等原因造成的质量缺陷，应当由责任单位负责维修、返工或更换。　　　　　（　　）

2.【单选题】建设工程项目的竣工验收，应当由（　　）依法组织进行。

A. 建设单位　　　　　　　　　　B. 建设单位或有关主管部门

C. 国务院有关主管部门　　　　　D. 施工单位

3.【单选题】在建设工程竣工验收后，在规定的保修期限内，因勘察、设计、施工、材料等原因造成的质量缺陷，应当由（　　）负责维修、返工或更换。

A. 建设单位　　　　　　　　　　B. 监理单位

C. 责任单位　　　　　　　　　　D. 施工承包单位

4.【单选题】根据《建筑法》的规定，以下属于保修范围的是（　　）。

A. 供热、供冷系统工程　　　　　B. 因使用不当造成的质量缺陷

C. 因第三方造成的质量缺陷　　　D. 不可抗力造成的质量缺陷

5.【单选题】建筑工程的质量保修的具体保修范围和最低保修期限由（　　）规定。

A. 建设单位　　　　　　　　　　B. 国务院

C. 施工单位　　　　　　　　　　D. 建设行政主管部门

6.【多选题】建筑工程的保修范围应当包括（　　）等。

A. 地基基础工程　　　　　　　　B. 主体结构工程

C. 屋面防水工程　　　　　　　　D. 电气管线

E. 使用不当造成的质量缺陷

【答案】1. ×；2. B；3. D；4. A；5. B；6. ABCD

第二节　《中华人民共和国安全生产法》

考点 6：《安全生产法》的立法目的

教材点睛 教材 P8

　　1.《中华人民共和国安全生产法》以下简称《《安全生产法》）的立法目的：加强安全生产工作，防止和减少生产安全事故，保障人民群众生命和财产安全，促进经济社会持续健康发展。

　　2. 现行《安全生产法》是 2021 年修订施行的。

考点 7：生产经营单位的安全生产保障的有关规定★●

教材点睛 教材 P8～P12

　　法规依据：《安全生产法》第二十条～第五十一条。

　　1. 组织保障措施：建立安全生产管理机构；明确岗位责任。

　　2. 管理保障措施包括：人力资源管理、物力资源管理、经济保障措施、技术保障措施。

考点8：从业人员的安全生产权利义务的有关规定★

教材点睛　教材P12～P13

　　法规依据：《安全生产法》第二十八条、第四十五条、第五十二条～第六十一条。
　　1. 安全生产中从业人员的权利：知情权、批评权和检举、控告权、拒绝权、紧急避险权、请求赔偿权、获得劳动防护用品的权利、获得安全生产教育和培训的权利。
　　2. 安全生产中从业人员的义务：自律遵规的义务、自觉学习安全生产知识的义务、危险报告义务。

考点9：安全生产监督管理的有关规定

教材点睛　教材P13～P14

　　法规依据：《安全生产法》第六十二条～第七十八条。
　　1. 安全生产监督管理部门：《安全生产法》第十条规定，国务院应急管理的部门对全国安全生产工作实施综合监督管理。国务院交通运输、住房和城乡建设、水利、民航等有关部门在各自的职责范围内对有关行业、领域的安全生产工作实施监督管理。
　　2. 安全生产监督管理措施：审查批准、验收；取缔，撤销，依法处理。
　　3. 安全生产监督管理部门的职权：[详见P14]；监督检查不得影响被检查单位的正常生产经营活动。

巩固练习

　　1.【判断题】危险物品的生产、经营、储存单位以及矿山、建筑施工单位的主要负责人和安全管理人员，应当缴费参加由有关部门对其安全生产知识和管理能力的考核，合格后方可任职。（　　）
　　2.【判断题】生产经营单位的特种作业人员必须按照国家有关规定经生产经营单位组织的安全作业培训，方可上岗作业。（　　）
　　3.【判断题】生产经营单位应当按照国家有关规定将本单位重大危险源及有关安全措施、应急措施报有关地方人民政府建设行政主管部门备案。（　　）
　　4.【判断题】从业人员发现直接危及人身安全的紧急情况时，应先把紧急情况完全排除经主管单位允许后撤离作业场所。（　　）
　　5.【判断题】《安全生产法》的立法目的是加强安全生产工作，防止和减少生产安全事故，保障人民群众生命和财产安全，促进经济社会持续健康发展。（　　）
　　6.【判断题】建筑施工从业人员在一百人以下的，不需要设置安全生产管理机构或者配备专职安全生产管理人员，但应当配备兼职的安全生产管理人员。（　　）
　　7.【判断题】国家对严重危及生产安全的工艺、设备实行审批制度。（　　）
　　8.【判断题】某施工现场将氧气瓶仓库放在临时建筑一层东侧，员工宿舍放在二层西侧，并采取了保证安全的措施。（　　）

9.【判断题】生产经营单位的安全生产管理人员应当根据本单位的生产经营特点，对安全生产状况进行经常性检查；对检查中发现的安全问题，应当立即报告。　　（　　）

10.【判断题】生产经营单位临时聘用的钢结构焊接工人不属于生产经营单位的从业人员，所以不享有相应的从业人员应享有的权利。　　（　　）

11.【单选题】《中华人民共和国安全生产法》主要对生产经营单位的安全生产保障、（　　）、安全生产的监督管理、生产安全事故的应急救援与调查处理四个主要方面作出了规定。

　　A. 生产经营单位的法律责任　　　　　B. 安全生产的执行

　　C. 从业人员的权利和义务　　　　　　D. 施工现场的安全

12.【单选题】下列关于生产经营单位安全生产保障的说法中，正确的是（　　）。

　　A. 生产经营单位可将生产经营项目、场所、设备发包给建设单位指定的不具有相应资质等级的单位或个人

　　B. 生产经营单位的特种作业人员经过单位组织的安全作业培训方可上岗作业

　　C. 生产经营单位必须依法参加工伤社会保险，为从业人员缴纳保险费

　　D. 生产经营单位仅需要为从业人员提供劳动防护用品

13.【单选题】下列措施中，不属于生产经营单位安全生产保障措施中经济保障措施的是（　　）。

　　A. 保证劳动防护用品、安全生产培训所需要的资金

　　B. 保证工伤社会保险所需要的资金

　　C. 保证安全设施所需要的资金

　　D. 保证员工食宿设备所需要的资金

14.【单选题】当从业人员发现直接危及人身安全的紧急情况时，有权停止作业或在采取可能的应急措施后撤离作业场所，这里的权是指（　　）。

　　A. 拒绝权　　　　　　　　　　　　　B. 批评权和检举、控告权

　　C. 紧急避险权　　　　　　　　　　　D. 自我保护权

15.【单选题】根据《安全生产法》规定，生产经营单位与从业人员订立协议，免除或减轻其对从业人员因生产安全事故伤亡依法应承担的责任，该协议（　　）。

　　A. 无效　　　　　　　　　　　　　　B. 有效

　　C. 经备案后生效　　　　　　　　　　D. 效力待定

16.【单选题】根据《安全生产法》规定，安全生产中从业人员的义务不包括（　　）。

　　A. 遵守安全生产规章制度和操作规程　　B. 接受安全生产教育和培训

　　C. 安全隐患及时报告　　　　　　　　　D. 紧急处理安全事故

17.【单选题】以下不属于生产经营单位的从业人员的范畴的是（　　）。

　　A. 技术人员　　　　　　　　　　　　B. 临时聘用的钢筋工

　　C. 管理人员　　　　　　　　　　　　D. 监督部门视察的监管人员

18.【单选题】下列各项中，不属于安全生产监督检查人员义务的是（　　）。

　　A. 对检查中发现的安全生产违法行为，当场予以纠正或者要求限期改正

　　B. 执行监督检查任务时，必须出示有效的监督执法证件

　　C. 对涉及被检查单位的技术秘密和业务秘密，应当为其保密

D. 应当忠于职守，坚持原则，秉公执法

19.【多选题】生产经营单位安全生产保障措施由(   )组成。

A. 经济保障措施   B. 技术保障措施

C. 组织保障措施   D. 法律保障措施

E. 管理保障措施

【答案】1.×；2.×；3.×；4.×；5.√；6.×；7.×；8.×；9.×；10.×；11. C；12. C；13. D；14. C；15. A；16. D；17. D；18. A；19. ABCE

考点 10：安全事故应急救援与调查处理的规定 ★●

教材点睛 | 教材 P14～P16

法规依据：《安全生产法》第七十九条~第八十九条、《生产安全事故报告和调查处理条例》

1. 生产安全事故的等级划分标准（按生产安全事故造成的人员伤亡或直接经济损失划分）

（1）特别重大事故：死亡≥30人，或重伤≥100人（包括急性工业中毒，下同），或直接经济损失≥1亿元的事故；

（2）重大事故：10人≤死亡<30人，或50人≤重伤<100人，或5000万元≤直接经济损失<1亿元的事故；

（3）较大事故：3人≤死亡<10人，或10人≤重伤<50人，或1000万元≤直接经济损失<5000万元的事故；

（4）一般事故：死亡<3人，或重伤<10人，或直接经济损失<1000万元的事故。

2. 生产安全事故报告

（1）生产经营单位发生生产安全事故后，事故现场有关人员应当立即报告本单位负责人。单位负责人接到事故报告后，应当按照国家有关规定立即如实报告当地负有安全生产监督管理职责的部门，不得隐瞒不报、谎报或者迟报，不得故意破坏事故现场、毁灭有关证据。

（2）特种设备发生事故的，还应当同时向特种设备安全监督管理部门报告。实行施工总承包的建设工程，由总承包单位负责上报事故。

3. 应急抢救工作： 单位负责人接到事故报告后，应当迅速采取有效措施，组织抢救，防止事故扩大，减少人员伤亡和财产损失。

4. 事故的调查： 事故调查处理应当按照科学严谨、依法依规、实事求是、注重实效的原则，及时、准确地查清事故原因，查明事故性质和责任，评估应急处置工作总结事故教训，提出整改措施，并对事故责任者提出处理建议。

巩固练习

1.【判断题】某施工现场脚手架倒塌，造成3人死亡8人重伤，根据《生产安全事故

报告和调查处理条例》规定，该事故等级属于一般事故。 （ ）

2.【判断题】某化工厂施工过程中造成化学品试剂外泄导致现场 15 人死亡，120 人急性工业中毒，根据《生产安全事故报告和调查处理条例》规定，该事故等级属于重大事故。 （ ）

3.【判断题】生产经营单位发生生产安全事故后，事故现场相关人员应当立即报告施工项目经理。 （ ）

4.【判断题】某实行施工总承包的建设工程的分包单位所承担的分包工程发生生产安全事故，分包单位负责人应当立即如实报告给当地建设行政主管部门。 （ ）

5.【单选题】根据《生产安全事故报告和调查处理条例》规定：造成 10 人及以上 30 人以下死亡，或者 50 人及以上 100 人以下重伤，或者 5000 万元及以上 1 亿元以下直接经济损失的事故属于( )。

A. 重伤事故   B. 较大事故

C. 重大事故   D. 死亡事故

6.【单选题】某市地铁工程施工作业面内，因大量水和流沙涌入，引起部分结构损坏及周边地区地面沉降，造成 3 栋建筑物严重倾斜，直接经济损失约合 1.5 亿元。根据《生产安全事故报告和调查处理条例》规定，该事故等级属于( )。

A. 特别重大事故   B. 重大事故

C. 较大事故   D. 一般事故

7.【单选题】以下关于安全事故调查的说法中，错误的是( )。

A. 重大事故由事故发生地省级人民政府负责调查

B. 较大事故的事故发生地与事故发生单位不在同一个县级以上行政区域的，由事故发生单位所在地的人民政府负责调查，事故发生地人民政府应当派人参加

C. 一般事故以下等级事故，可由县级人民政府直接组织事故调查，也可由上级人民政府组织事故调查

D. 特别重大事故由国务院或者国务院授权有关部门组织事故调查组进行调查

8.【多选题】国务院《生产安全事故报告和调查处理条例》规定：根据生产安全事故造成的人员伤亡或者直接经济损失，以下事故等级分类正确的有( )。

A. 造成 120 人急性工业中毒的事故为特别重大事故

B. 造成 8000 万元直接经济损失的事故为重大事故

C. 造成 3 人死亡 800 万元直接经济损失的事故为一般事故

D. 造成 10 人死亡 35 人重伤的事故为较大事故

E. 造成 10 人死亡 35 人重伤的事故为重大事故

9.【多选题】国务院《生产安全事故报告和调查处理条例》规定，事故一般分为以下( )等级。

A. 特别重大事故   B. 重大事故

C. 大事故   D. 一般事故

E. 较大事故

【答案】1. ×；2. ×；3. ×；4. ×；5. C；6. A；7. B；8. ABE；9. ABDE

第三节 《建设工程安全生产管理条例》 《建设工程质量管理条例》

考点11：《建设工程安全生产管理条例》★●

教材点睛 教材P16~P19

1. 立法目的： 加强建设工程安全生产监督管理，保障人民群众生命和财产安全。

2. 现行《建设工程安全生产管理条例》（以下简称《安全生产管理条例》）是 **2004年修订施行的**。

3. 《安全生产管理条例》关于施工单位的安全责任的有关规定

法规依据：《安全生产管理条例》第二十条~第三十八条。

(1) 施工单位有关人员的安全责任

1) 施工单位主要负责人（法人及施工单位全面负责、有生产经营决策权的人）：依法对本单位的安全生产工作全面负责。

2) 施工单位的项目负责人（具有建造师执业资格的项目经理）：对建设工程项目的安全全面负责。

3) 专职安全生产管理人员（具有安全生产考核合格证书）：对安全生产进行现场监督检查。发现安全事故隐患，应当及时向项目负责人和安全生产管理机构报告；对于违章指挥、违章操作的，应当立即制止。

(2) 总承包单位和分包单位的安全责任： 总承包单位对施工现场的安全生产负总责，分包单位应当服从总承包单位的安全生产管理；总承包单位和分包单位对分包工程的安全生产承担连带责任，但分包单位不服从管理导致生产安全事故的，由分包单位承担主要责任。

(3) 安全生产教育培训

1) 管理人员的考核：施工单位的主要负责人、项目负责人、专职安全生产管理人员应当经建设行政主管部门或者其他有关部门考核合格后方可任职。

2) 作业人员的安全生产教育培训：日常培训、新岗位培训、特种作业人员的专门培训。

(4) 施工单位应采取的安全措施： 编制安全技术措施、施工现场临时用电方案和专项施工方案；实行安全施工技术交底；设置施工现场安全警示标志；采取施工现场安全防护措施；施工现场的布置应当符合安全和文明施工要求；采取周边环境防护措施；制定实施施工现场消防安全措施；加强安全防护设备、起重机械设备管理；为施工现场从事危险作业人员办理意外伤害保险。

巩固练习

1. 【判断题】建设工程施工前，施工单位负责该项目管理的施工员应当对有关安全施

工的技术要求向施工作业班组、作业人员做出详细说明，并由双方签字确认。　　（　　）

2.【判断题】施工技术交底的目的是使现场施工人员对安全生产有所了解，最大限度避免安全事故的发生。　　　　　　　　　　　　　　　　　　　　　　（　　）

3.【判断题】施工单位应当在施工现场入口处、施工起重机械、临时用电设施、脚手架等危险部位，设置明显的安全警示标志。　　　　　　　　　　　　　　　　（　　）

4.【单选题】以下关于专职安全生产管理人员的说法中，有误的是（　　）。

A. 施工单位安全生产管理机构的负责人及其工作人员属于专职安全生产管理人员

B. 施工现场专职安全生产管理人员属于专职安全生产管理人员

C. 专职安全生产管理人员是指经过建设单位安全生产考核合格取得安全生产考核证书的专职人员

D. 专职安全生产管理人员应当对安全生产进行现场监督检查

5.【单选题】下列安全生产教育培训中不是施工单位必须做的是（　　）。

A. 施工单位的主要负责人的考核

B. 特种作业人员的专门培训

C. 作业人员进入新岗位前的安全生产教育培训

D. 监理人员的考核培训

6.【单选题】《特种设备安全监察条例》规定的施工起重机械，在验收前应当经有相应资质的检验检测机构监督检验合格。施工单位应当自施工起重机械和整体提升脚手架、模板等自升式架设设施验收合格之日起（　　）日内，向建设行政主管部门或者其他有关部门登记。

A. 15　　　　　　　　　　　　　　B. 30

C. 7　　　　　　　　　　　　　　D. 60

7.【多选题】以下关于总承包单位和分包单位的安全责任的说法中，正确的是（　　）。

A. 总承包单位应当自行完成建设工程主体结构的施工

B. 总承包单位对施工现场的安全生产负总责

C. 经业主认可，分包单位可以不服从总承包单位的安全生产管理

D. 分包单位不服从管理导致生产安全事故的，由总包单位承担主要责任

E. 总承包单位和分包单位对分包工程的安全生产承担连带责任

8.【多选题】根据《建设工程安全生产管理条例》，应编制专项施工方案，并附具安全验算结果的分部分项工程包括（　　）。

A. 深基坑工程　　　　　　　　　　B. 起重吊装工程

C. 模板工程　　　　　　　　　　　D. 楼地面工程

E. 脚手架工程

9.【多选题】施工单位应当根据论证报告修改完善专项方案，并经（　　）签字后，方可组织实施。

A. 施工单位技术负责人　　　　　　B. 总监理工程师

C. 项目监理工程师　　　　　　　　D. 建设单位项目负责人

E. 建设单位法人

10. 【多选题】施工单位使用承租的机械设备和施工机具及配件的，由（ ）共同验收。

A. 施工总承包单位   B. 出租单位

C. 分包单位   D. 安装单位

E. 建设监理单位

【答案】1.√；2.×；3.√；4.C；5.D；6.B；7.ABE；8.ABCE；9.AB；10.ABCD

考点 12：《建设工程质量管理条例》 ★●

教材点睛　教材 P19～P21

1. 立法目的：加强对建设工程质量的管理，保证建设工程质量，保护人民生命和财产安全。

2. 现行《建设工程质量管理条例》（以下简称《质量管理条例》）是 **2019 年第二次修订的**。

3.《质量管理条例》关于施工单位的质量责任和义务的有关规定

法规依据：《质量管理条例》第二十五条～第三十三条。

（1）依法承揽工程：施工单位应依法取得相应等级的资质证书，在资质等级许可范围内承揽工程；禁止以超资质、挂靠、被挂靠等方式承揽工程；不得转包或者违法分包工程。

（2）施工单位的质量责任：施工单位对建设工程的施工质量负责。建设工程实行总承包的，总承包单位应当对全部建设工程质量负责；建设工程勘察、设计、施工、设备采购的一项或者多项实行总承包的，总承包单位应当对其承包的建设工程或者采购的设备的质量负责；分包单位应当对其分包工程的质量向总承包单位负责，总承包单位与分包单位对分包工程的质量承担连带责任。

（3）施工单位的质量义务：按图施工；对建筑材料、构配件和设备进行检验的责任；对施工质量进行检验的责任；见证取样；保修责任。

巩固练习

1. 【判断题】施工人员对涉及结构安全的试块、试件以及有关材料，应当在建设单位或者工程监理单位监督下现场取样，并送具有相应资质等级的质量检测单位进行检测。

（　　）

2. 【判断题】在建设单位竣工验收合格前，施工单位应对质量问题履行返修义务。

（　　）

3. 【单选题】某项目分期开工建设，开发商二期工程 3、4 号楼仍然复制使用一期工程施工图纸。施工时施工单位发现该图纸使用的 02 标准图集现已废止，按照《质量管理条例》的规定，施工单位正确的做法是（　　）。

A. 继续按图施工，因为按图施工是施工单位的本分

B. 按现行图集套改后继续施工

C. 及时向有关单位提出修改意见

D. 由施工单位技术人员修改图纸

4.【单选题】根据《质量管理条例》规定，施工单位应当对建筑材料、建筑构配件、设备和商品混凝土进行检验，下列做法不符合规定的是(　　)。

A. 未经检验的，不得用于工程上

B. 检验不合格的，应当重新检验，直至合格

C. 检验要按规定的格式形成书面记录

D. 检验要有相关的专业人员签字

5.【单选题】根据有关法律法规有关工程返修的规定，下列说法正确的是(　　)。

A. 对施工过程中出现质量问题的建设工程，若非施工单位原因造成的，施工单位不负责返修

B. 对施工过程中出现质量问题的建设工程，无论是否是施工单位原因造成的，施工单位都应负责返修

C. 对竣工验收不合格的建设工程，若非施工单位原因造成的，施工单位不负责返修

D. 对竣工验收不合格的建设工程，若是施工单位原因造成的，施工单位负责有偿返修

6.【多选题】以下各项中，属于施工单位的质量责任和义务的有(　　)。

A. 建立质量保证体系

B. 按图施工

C. 对建筑材料、构配件和设备进行检验的责任

D. 组织竣工验收

E. 见证取样

【答案】1. √；2. √；3. C；4. B；5. B；6. ABCE

第四节《中华人民共和国劳动法》《中华人民共和国劳动合同法》

考点 13：《中华人民共和国劳动法》《中华人民共和国劳动合同法》立法目的

教材点睛 教材 P21

1.《中华人民共和国劳动法》(以下简称《劳动法》)立法目的：保护劳动者的合法权益，调整劳动关系，建立和维护适应社会主义市场经济的劳动制度，促进经济发展和社会进步。现行《中华人民共和国劳动法》以下简称《劳动法》是 2018 年第二次修订施行的。

2.《中华人民共和国劳动合同法》(以下简称《劳动合同法》)立法目的：完善劳动合同制度，明确劳动合同双方当事人的权利和义务，保护劳动者的合法权益，构建和发展和谐稳定的劳动关系。现行《劳动合同法》是 2013 年修订施行的。

考点 14：《劳动法》《劳动合同法》关于劳动合同和集体合同的有关规定★●

教材点睛 教材 P21～P27

法规依据：关于劳动合同的条文《劳动法》第十六条～第三十二条，《劳动合同法》第七条～第五十条。

关于集体合同的条文《劳动法》第三十三条～第三十五条，《劳动合同法》第五十一条～第五十六条。

1. 劳动合同分类： 固定期限劳动合同、无固定期限劳动合同和以完成一定工作任务为期限的劳动合同。集体合同实际上是一种特殊的劳动合同。

2. 劳动合同的订立

（1）劳动合同的类型：固定期限劳动合同、期限劳动合同、无固定期限劳动合同。

（2）应当订立无固定期限劳动合同的情况：劳动者在该用人单位连续工作满 10 年的；用人单位初次实行劳动合同制度或者国有企业改制重新订立劳动合同时，劳动者在该用人单位连续工作满 10 年且距法定退休年龄不足 10 年的；连续同一单位连续订立两次固定期限劳动合同的。

（3）订立劳动合同的时间限制：建立劳动关系，应当订立书面劳动合同。

3. 劳动合同无效的情况

（1）以欺诈、胁迫的手段或者乘人之危，使对方在违背真实意思的情况下订立或者变更劳动合同的。

（2）用人单位免除自己的法定责任、排除劳动者权利的。

（3）违反法律、行政法规强制性规定的。

劳动合同部分无效，不影响其他部分效力的，其他部分仍然有效。

4. 劳动合同的解除【详见 P24～P27】

5. 集体合同的内容与订立

（1）集体合同的主要内容包括： 劳动报酬、工作时间、休息休假、劳动安全卫生、保险福利等事项，也可以就劳动安全卫生、女职工权益保护、工资调整机制等事项订立专项集体合同。

（2）集体合同的签订人： 工会代表职工或由职工推举的代表。

（3）集体合同的效力： 对企业和企业全体职工具有约束力。职工个人与企业订立的劳动合同中劳动条件和劳动报酬等标准不得低于集体合同的规定。

（4）集体合同争议的处理： 因履行集体合同发生争议，经协商解决不成的，工会或职工协商代表可以自劳动争议发生之日起 1 年内向劳动争议仲裁委员会申请劳动仲裁；对劳动仲裁结果不服的，可以自收到仲裁裁决书之日起 15 日内向人民法院提起诉讼。

考点 15：《劳动法》关于劳动安全卫生的有关规定★●

> **教材点睛** 教材 P27
>
> 法规依据：《劳动法》第五十二条~第五十七条。
> **1. 劳动安全卫生的概念**：指直接保护劳动者在劳动中的安全和健康的法律保护。
> **2. 用人单位和劳动者应当遵守的劳动安全卫生法律规定。【详见 P27】**

巩固练习

1.【判断题】《劳动合同法》的立法目的是完善劳动合同制度，建立和维护适应社会主义市场经济的劳动制度，明确劳动合同双方当事人的权利和义务，保护劳动者的合法权益，构建和发展和谐稳定的劳动关系。   （ ）

2.【判断题】用人单位和劳动者之间订立的劳动合同可以采用书面或口头形式。

                             （ ）

3.【判断题】已建立劳动关系，未同时订立书面劳动合同的，应当自用工之日起一个月内订立书面劳动合同。   （ ）

4.【判断题】用人单位违反集体合同，侵犯职工劳动权益的，职工可以要求用人单位承担责任。   （ ）

5.【单选题】下列社会关系中，属于我国劳动法调整的劳动关系的是（ ）。

A. 施工单位与某个体经营者之间的加工承揽关系

B. 劳动者与施工单位之间在劳动过程中发生的关系

C. 家庭雇佣劳动关系

D. 社会保险机构与劳动者之间的关系

6.【单选题】2005 年 2 月 1 日小李经过面试合格后并与某建筑公司签订了为期 5 年的用工合同，并约定了试用期，则试用期最迟至（ ）。

A. 2005 年 2 月 28 日   B. 2005 年 5 月 31 日

C. 2005 年 8 月 1 日   D. 2006 年 2 月 1 日

7.【单选题】甲建筑材料公司聘请王某担任推销员，双方签订劳动合同，合同中约定如果王某完成承包标准，每月基本工资 1000 元，超额部分按 40% 提成，若不完成任务，可由公司扣减工资。下列选项中表述正确的是（ ）。

A. 甲建筑材料公司不得扣减王某工资

B. 由于在试用期内，所以甲建筑材料公司的做法是符合《劳动合同法》的

C. 甲公司可以扣发王某的工资，但是不得低于用人单位所在地的最低工资标准

D. 试用期内的工资不得低于本单位相同岗位的最低档工资

8.【单选题】贾某与乙建筑公司签订了一份劳动合同，在合同尚未期满时，贾某拟解除劳动合同。根据规定，贾某应当提前（ ）日以书面形式通知用人单位。

A. 3   B. 15

C. 20   D. 30

9.【单选题】在下列情形中，用人单位可以解除劳动合同，但应当提前 30 天以书面形式通知劳动者本人的是（　　）。

　　A. 小王在试用期内迟到早退，不符合录用条件

　　B. 小李因盗窃被判刑

　　C. 小张在外出执行任务时负伤，失去左腿

　　D. 小吴下班时间酗酒摔伤住院，出院后不能从事原工作也拒不从事单位另行安排的工作

10.【单选题】按照《劳动合同法》的规定，在下列选项中，用人单位提前 30 天以书面形式通知劳动者本人或额外支付 1 个月工资后可以解除劳动合同的情形是（　　）。

　　A. 劳动者患病或非工负伤在规定的医疗期满后不能胜任原工作的

　　B. 劳动者试用期间被证明不符合录用条件的

　　C. 劳动者被依法追究刑事责任的

　　D. 劳动者不能胜任工作，经培训或调整岗位仍不能胜任工作的

11.【单选题】王某应聘到某施工单位，双方于 4 月 15 日签订为期 3 年的劳动合同，其中约定试用期 3 个月，次日合同开始履行，7 月 18 日，王某拟解除劳动合同，则（　　）。

　　A. 必须取得用人单位同意

　　B. 口头通知用人单位即可

　　C. 应提前 30 日以书面形式通知用人单位

　　D. 应报请劳动行政主管部门同意后以书面形式通知用人单位

12.【单选题】2013 年 1 月，甲建筑材料公司聘请王某担任推销员，但 2013 年 3 月，由于王某怀孕，身体健康状况欠佳，未能完成任务，为此，公司按合同的约定扣减工资，只发生活费，其后，又有两个月均未能完成承包任务，因此，甲公司作出解除与王某的劳动合同。下列选项中表述正确的是（　　）。

　　A. 由于在试用期内，甲公司可以随时解除劳动合同

　　B. 由于王某不能胜任工作，甲公司应提前 30 日通知王某，解除劳动合同

　　C. 甲公司可以支付王某一个月工资后解除劳动合同

　　D. 由于王某在怀孕期间，所以甲公司不能解除劳动合同

13.【多选题】无效的劳动合同，从订立的时候起，就没有法律约束力。下列属于无效的劳动合同的有（　　）。

　　A. 报酬较低的劳动合同

　　B. 违反法律、行政法规强制性规定的劳动合同

　　C. 采用欺诈、威胁等手段订立的严重损害国家利益的劳动合同

　　D. 未规定明确合同期限的劳动合同

　　E. 劳动内容约定不明确的劳动合同

14.【多选题】关于劳动合同变更，下列表述中正确的有（　　）。

A. 用人单位与劳动者协商一致，可变更劳动合同的内容

B. 变更劳动合同只能在合同订立之后、尚未履行之前进行

C. 变更后的劳动合同文本由用人单位和劳动者各执一份

D. 变更劳动合同，应采用书面形式

E. 建筑公司可以单方变更劳动合同，变更后劳动合同有效

15. 【多选题】根据《劳动合同法》，劳动者有下列(　　)情形之一的，用人单位可随时解除劳动合同。

A. 在试用期间被证明不符合录用条件的

B. 严重失职，营私舞弊，给用人单位造成重大损害的

C. 劳动者不能胜任工作，经过培训或者调整工作岗位，仍不能胜任工作的

D. 劳动者患病，在规定的医疗期满后不能从事原工作，也不能从事由用人单位另行安排的工作的

E. 被依法追究刑事责任

16. 【多选题】某建筑公司发生以下事件：职工李某因工负伤而丧失劳动能力；职工王某因盗窃自行车一辆而被公安机关给予行政处罚；职工徐某怀孕；职工陈某被派往境外逾期未归；职工张某因工程重大安全事故罪被判刑。对此，建筑公司可以随时解除劳动合同的有(　　)。

A. 李某
B. 王某
C. 徐某
D. 陈某
E. 张某

17. 【多选题】在下列情形中，用人单位不得解除劳动合同的有(　　)。

A. 劳动者被依法追究刑事责任

B. 女职工在孕期、产期、哺乳期

C. 患病或者非因工负伤，在规定的医疗期内的

D. 因工负伤被确认丧失或者部分丧失劳动能力

E. 劳动者不能胜任工作，经过培训，仍不能胜任工作

18. 【多选题】下列情况中，劳动合同终止的有(　　)。

A. 劳动者开始依法享受基本养老待遇

B. 劳动者死亡

C. 用人单位名称发生变更

D. 用人单位投资人变更

E. 用人单位被依法宣告破产

【答案】1. ×；2. ×；3. √；4. ×；5. B；6. C；7. C；8. D；9. D；10. D；11. C；12. D；13. BC；14. ACD；15. ABE；16. DE；17. BCD；18. ABE

第二章　建　筑　材　料

第一节　无机胶凝材料

考点 16：无机胶凝材料的分类及特性●

教材点睛　教材 P28～P29

无机胶凝材料类型	适用环境	代表材料
气硬性胶凝材料	只适用于干燥环境	石灰、石膏、水玻璃
水硬性胶凝材料	既能适用于干燥环境，也适用于潮湿环境及水中工程	水泥

考点 17：通用水泥的特性及应用【详见表 2-2，P29】★●

巩固练习

1.【判断题】气硬性胶凝材料只能在空气中凝结、硬化、保持和发展强度，一般只适用于干燥环境，不宜用于潮湿环境与水中；水硬性胶凝材料只能适用于潮湿环境与水中。
（　　　）

2.【判断题】水硬性胶凝材料既能在空气中硬化，也能在水中凝结、硬化、保持和发展强度，而气硬性胶凝材料只能在空气中凝结、硬化、保持和发展强度。（　　　）

3.【单选题】属于水硬性胶凝材料的是（　　　）。

A. 石灰　　　　　　　　　　　　B. 石膏

C. 水泥　　　　　　　　　　　　D. 水玻璃

4.【单选题】气硬性胶凝材料一般只适用于（　　　）环境中。

A. 干燥　　　　　　　　　　　　B. 干湿交替

C. 潮湿　　　　　　　　　　　　D. 水中

5.【多选题】下列关于通用水泥的特性及应用的基本规定中，表述正确的是（　　　）。

A. 复合硅酸盐水泥适用于早期强度要求高及冬期施工

B. 矿渣硅酸盐水泥适用于大体积混凝土

C. 粉煤灰水泥适用于有抗渗要求的工程

D. 火山灰水泥适用于抗裂性要求高的构件

E. 硅酸盐水泥适用于严寒地区遭受反复冻融循环作用的混凝土工程

6.【多选题】下列各项属于通用水泥的主要技术性质指标的是（　　　）。

A. 细度　　　　　　　　　　　　B. 凝结时间

C. 黏聚性   D. 体积安定性

E. 水化热

【答案】1. ×；2. √；3. C；4. A；5. BE；6. ABDE

第二节　混　凝　土

考点 18：普通混凝土 ★●

教材点睛 教材 P29～P31

1. 普通混凝土（干表观密度为 2000～2800kg/m³）的分类

普通混凝土分类一览表

按用途分类	结构混凝土、抗渗混凝土、抗冻混凝土、大体积混凝土、水工混凝土、耐热混凝土、耐酸混凝土、装饰混凝土等	普通混凝土广泛用于建筑、桥梁、道路、水利、码头、海洋等工程
按强度等级分类	普通强度混凝土（<C60）、高强度混凝土（≥C60）、超高强度混凝土（≥C100）	
按施工工艺分类	喷射混凝土、泵送混凝土、碾压混凝土、压力灌浆混凝土、离心混凝土、真空脱水混凝土	

2. 普通混凝土的主要技术性质

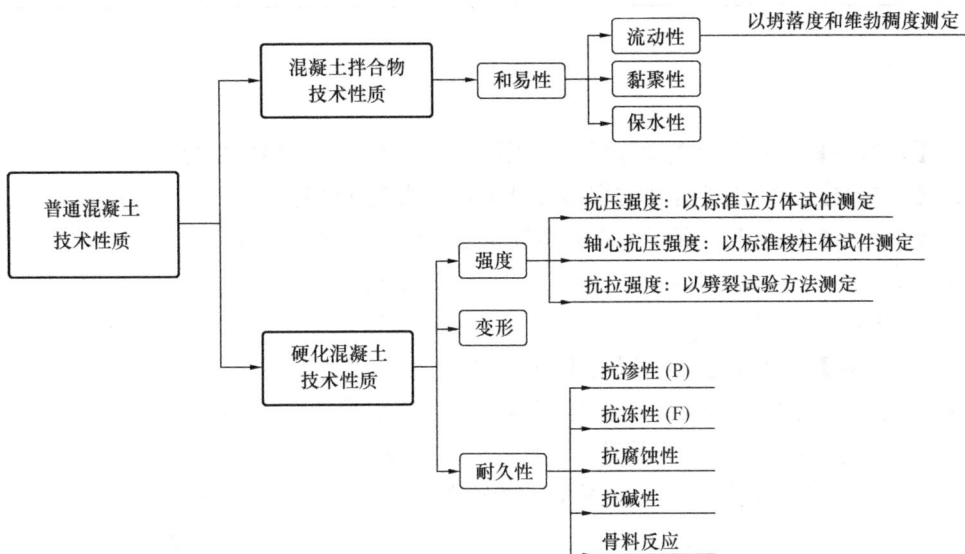

21

3. 普通混凝土的组成材料及其主要技术要求

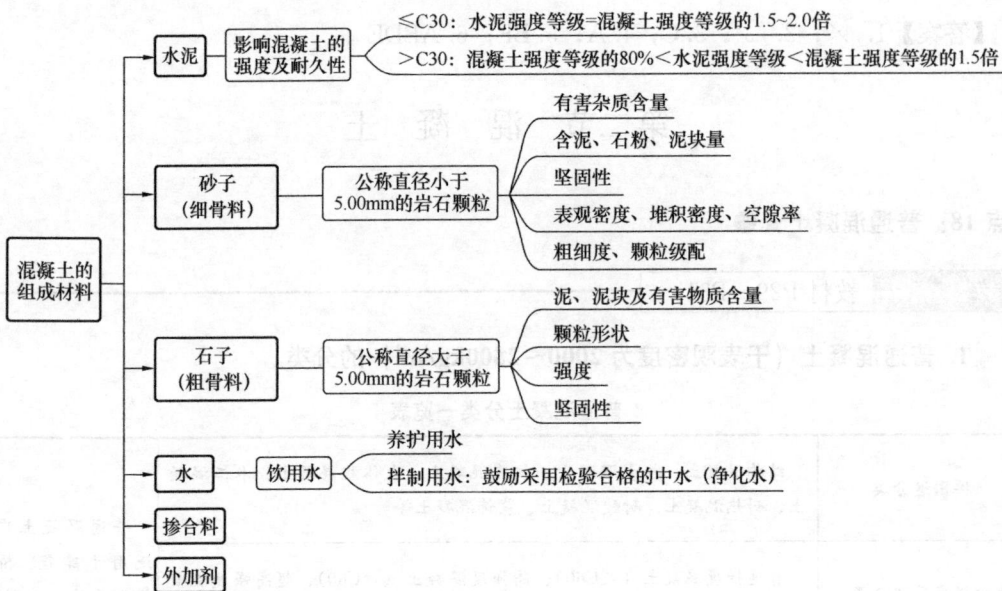

混凝土的组成材料
- 水泥 — 影响混凝土的强度及耐久性
  - ≤C30: 水泥强度等级=混凝土强度等级的1.5~2.0倍
  - >C30: 混凝土强度等级的80%＜水泥强度等级＜混凝土强度等级的1.5倍
- 砂子（细骨料）— 公称直径小于5.00mm的岩石颗粒
  - 有害杂质含量
  - 含泥、石粉、泥块量
  - 坚固性
  - 表观密度、堆积密度、空隙率
  - 粗细度、颗粒级配
- 石子（粗骨料）— 公称直径大于5.00mm的岩石颗粒
  - 泥、泥块及有害物质含量
  - 颗粒形状
  - 强度
  - 坚固性
- 水 — 饮用水
  - 养护用水
  - 拌制用水：鼓励采用检验合格的中水（净化水）
- 掺合料
- 外加剂

4. 混凝土配合比的概念

（1）混凝土配合比是指混凝土中各组成材料数量之间的比例关系。

（2）我国混凝土配合比采用质量比，表达方式有两种：

1）以 1m³ 混凝土中各种材料的质量表示。

2）将水泥质量设为 1，其他各种材料用相对于水泥质量的质量比值和水灰比表示。

巩固练习

1.【判断题】混凝土的强度等级是根据混凝土立方体抗压强度划分的。 （　　）

2.【判断题】混凝土拌合物的坍落度越大，表明流动性越大。 （　　）

3.【单选题】C30 表示混凝土立方体抗压强度标准值为（　　）。

A. 25MPa≤$f_{cu,k}$≤30MPa　　　　　　　　B. 30MPa

C. 30MPa≤$f_{cu,k}$≤35MPa　　　　　　　　D. 35MPa

4.【单选题】下列关于普通混凝土的分类方法中错误的是（　　）。

A. 按用途分为结构混凝土、抗渗混凝土、抗冻混凝土、大体积混凝土、水工混凝土、耐热混凝土、耐酸混凝土、装饰混凝土等

B. 按强度等级分为普通强度混凝土、高强度混凝土、超高强度混凝土

C. 按强度等级分为低强度混凝土、普通强度混凝土、高强度混凝土、超高强度混凝土

D. 按工艺分为喷射混凝土、泵送混凝土、碾压混凝土、压力灌浆混凝土、离心混凝

土、真空脱水混凝土

5.【单选题】下列关于混凝土的耐久性的相关表述中，正确的是(　　)。

A. 抗渗等级是以 28d 龄期的标准试件，用标准试验方法进行试验，以每组八个试件，六个试件未出现渗水时，所能承受的最大静水压来确定

B. 主要包括抗渗性、抗冻性、耐久性、抗碳化、抗碱-骨料反应等方面

C. 抗冻等级是 28d 龄期的混凝土标准试件，在浸水饱和状态下，进行冻融循环试验，以抗压强度损失不超过 20%，同时质量损失不超过 10%时，所能承受的最大冻融循环次数来确定

D. 当工程所处环境存在侵蚀介质时，对混凝土必须提出耐久性要求

6.【多选题】下列关于普通混凝土的组成材料及其主要技术要求的相关说法中，正确的是(　　)。

A. 一般情况下，中、低强度的混凝土，水泥强度等级为混凝土强度等级的 1.0～1.5 倍

B. 天然砂的坚固性用硫酸钠溶液法检验，砂样经 5 次循环后其质量损失应符合国家标准的规定

C. 和易性一定时，采用粗砂配制混凝土，可减少拌合用水量，节约水泥用量

D. 按水源不同分为饮用水、地表水、地下水、海水及工业废水

E. 混凝土用水应优先采用符合国家标准的饮用水

【答案】1. ×；2. √；3. C；4. C；5. B；6. BCE

第三节　砂　　浆

考点 19：砂浆

教材点睛　教材 P34～P35

1. 砂浆的种类及应用

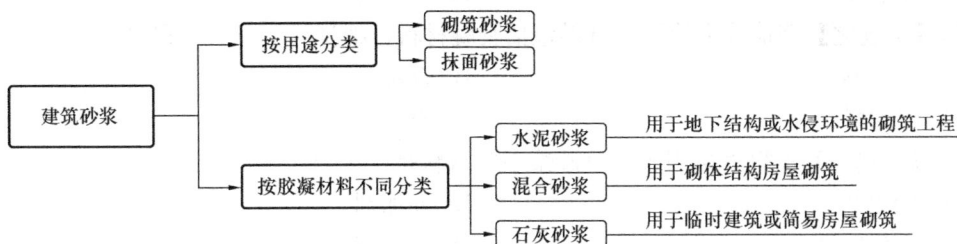

2. 砂浆配合比的概念

(1) 砂浆的组成材料

1) 基本组成材料包括：胶凝材料、细骨料和水，有时还有掺加料和外加剂。

教材点晴 教材 P34~P35(续)

　　2）胶凝材料：水泥，常用种类有普通水泥、矿渣水泥、火山灰水泥、粉煤灰水泥和砌筑水泥等。

　　3）为了改善砂浆的和易性和节约水泥，可在砂浆中加入无机掺加料，如石灰膏、粉煤灰等。

　　4）为了使砂浆具有良好的和易性及其他施工性能，砂浆中可掺入外加剂，如引气剂、早强剂、缓凝剂、防冻剂等。

　　（2）砂浆配合比

　　1）砌筑砂浆的配合比采用质量比。

　　2）抹面砂浆的配合比采用体积比。

巩固练习

　　1.【判断题】混合砂浆强度较高，耐久性较好，但流动性和保水性较差，可用于砌筑较干燥环境下的砌体。　　　　　　　　　　　　　　　　　　　　　　　　　　（　　）

　　2.【判断题】水泥砂浆强度较高，且耐久性、流动性和保水性均较好，便于施工，容易保证施工质量，是砌体结构房屋中常用的砂浆。　　　　　　　　　　　　（　　）

　　3.【单选题】下列对于砂浆与水泥的说法中错误的是（　　　　）。

　　A. 根据胶凝材料的不同，建筑砂浆可分为石灰砂浆、水泥砂浆和混合砂浆

　　B. 水泥属于水硬性胶凝材料，因而只能在潮湿环境与水中凝结、硬化、保持和发展强度

　　C. 水泥砂浆强度高、耐久性和耐火性好，常用于地下结构或经常受水侵蚀的砌体部位

　　D. 用于一般土木建筑工程的水泥为通用水泥，系通用硅酸盐水泥的简称

　　4.【单选题】抹面砂浆一般不需要满足的要求是（　　　　）。

　　A. 强度　　　　　　　　　　　　　　B. 流动性

　　C. 保水性　　　　　　　　　　　　　D. 粘结力

　　5.【单选题】砌筑砂浆的组成材料包括胶凝材料、细骨料、（　　　　）和水。

　　A. 粗骨料　　　　　　　　　　　　　B. 石灰

　　C. 掺加料　　　　　　　　　　　　　D. 石膏

　　6.【单选题】不得直接用于砌筑砂浆中的材料是（　　　　）。

　　A. 粉煤灰　　　　　　　　　　　　　B. 外加剂

　　C. 消石灰粉　　　　　　　　　　　　D. 石灰膏

　　7.【单选题】下列关于抹面砂浆分类及应用的说法中，不正确的是（　　　　）。

　　A. 常用的普通抹面砂浆有水泥砂浆、水泥石灰砂浆、水泥粉煤灰砂浆、掺塑化剂水泥砂浆等

　　B. 为了保证抹灰表面的平整，避免开裂和脱落，抹面砂浆通常分为底层、中层和面层

C. 装饰砂浆与普通抹面砂浆的主要区别在中层和面层

D. 装饰砂浆常用的胶凝材料有白水泥和彩色水泥，以及石灰、石膏等

【答案】1. ×；2. ×；3. B；4. A；5. C；6. C；7. C

第四节　石材、砖和砌块

考点 20：石材、砖和砌块★●

教材点睛　教材 P35～P38

1. 石材的分类及应用

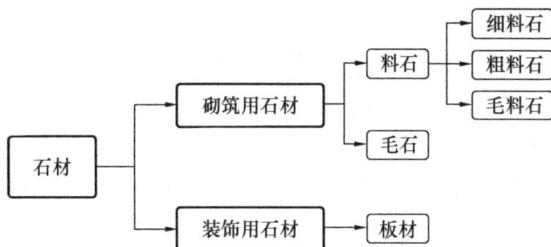

（1）砌筑用石材主要用于建筑物基础、挡土墙等，也可用于建筑物墙体。

（2）装饰用石材主要用于公共建筑或装饰等级要求较高的室内外装饰工程。

2. 砖的分类、主要技术要求及应用

（1）烧结砖品种及用途

1）烧结普通砖：主要用于砌筑建筑物的内墙、外墙、柱、烟囱和窑炉。目前，禁止使用黏土实心砖，可使用黏土多孔砖和空心砖。

2）烧结多孔砖：优等品可用于墙体装饰和清水墙砌筑，一等品和合格品可用于混水墙，中等泛霜的砖不得用于潮湿部位。

3）烧结空心砖：多层建筑内隔墙或框架结构的填充墙等。

（2）非烧结砖的用途

常用的非烧结砖有：蒸压灰砂砖、蒸压粉煤灰砖、炉渣砖、混凝土砖。它们均可用于工业与民用建筑的墙体和基础砌筑。除混凝土砖以外，它们均不得用于长期受热200℃以上、受急冷、受急热或有侵蚀的环境。

3. 砌块的分类、主要技术要求及应用

（1）目前我国常用的砌块有：蒸压加气混凝土砌块、普通混凝土小型空心砌块、石膏砌块等。

（2）蒸压加气混凝土砌块：适用于低层建筑的承重墙，多层建筑和高层建筑的隔离墙、填充墙及工业建筑物的围护墙体和绝热墙体。

（3）普通混凝土小型空心砌块：建筑体系比较灵活，砌筑方便，主要用于建筑的内外墙体。

巩固练习

1. 【判断题】砌筑用石材主要用于建筑物基础、挡土墙等。 （   ）

2. 【单选题】烧结多孔砖是以煤矸石、页岩、粉煤灰和黏土为主要原料，经成型、焙烧而成的，孔洞率（   ）的砖。

A. ≥35％
B. ≥15％
C. ≤35％
D. ≤15％

3. 【单选题】下列关于砌块的分类、主要技术要求及应用的相关说法中，错误的是（   ）。

A. 目前国内推广应用较为普遍的砌块有蒸压加气混凝土砌块、普通混凝土小型空心砌块、石膏砌块等

B. 按尺寸偏差与外观质量、干密度、抗压强度和抗冻性，蒸压加气混凝土砌块的质量等级分为优等品、一等品、合格品三个等级

C. 混凝土小型空心砌块适用于多层和高层建筑的隔离墙、填充墙及工业建筑物的围护墙体和绝热墙体

D. 混凝土小型空心砌块主规格尺寸为 390mm×190mm×190mm、390mm×240mm×190mm，最小外壁厚不应小于 30mm，最小肋厚不应小于 25mm

4. 【单选题】混凝土小型空心砌块建筑体系比较灵活，砌筑方便，主要用于建筑的（   ）。

A. 基础
B. 非承重墙
C. 承重墙
D. 内外墙体

5. 【单选题】下列关于烧结砖的分类、主要技术要求及应用的相关说法中，正确的是（   ）。

A. 强度、抗风化性能和放射性物质合格的烧结普通砖，根据尺寸偏差、外观质量、泛霜和石灰爆裂等指标，分为优等品、一等品、合格品三个等级

B. 强度和抗风化性能合格的烧结空心砖，根据尺寸偏差、外观质量、孔型及孔洞排列、泛霜、石灰爆裂分为优等品、一等品、合格品三个等级

C. 烧结多孔砖主要用作非承重墙，如多层建筑内隔墙或框架结构的填充墙

D. 烧结空心砖在对安全性要求低的建筑中，可以用于承重墙体

6. 【单选题】砌墙砖按规格、孔洞率及孔的大小分类不包括（   ）。

A. 空心砖
B. 多孔砖
C. 实心砖
D. 普通砖

【答案】1. √；2. C；3. B；4. D；5. A；6. C

第五节 钢 材

考点 21：钢材分类、钢结构用钢材的品种及特性●

教材点睛 教材 P38～P42

1. 建筑工程中目前常用的钢材品种：普通碳素结构钢和普通低合金结构钢。

2. 钢结构用钢材的品种及特性

（1）建筑钢结构用钢材分为：碳素结构钢和低合金高强度结构钢两种。

（2）钢结构用钢材主要是型钢和钢板。型钢和钢板的成型有热轧和冷轧两种。

（3）常用热轧型钢的有：角钢、工字钢、槽钢、T 型钢、H 型钢、Z 型钢等。

1）工字钢广泛应用于各种建筑结构和桥梁，主要用于承受横向弯曲（腹板平面内受弯）的杆件，但不易单独用作轴心受压构件或双向弯曲的构件。

2）槽钢主要用于承受轴向力的杆件、承受横向弯曲的梁以及连系杆件，主要用于建筑钢结构、车辆制造等。

3）宽翼缘和中翼缘 H 型钢适用于钢柱等轴心受压构件，窄翼缘 H 型钢适用于钢梁等受弯构件。

（4）冷弯薄壁型钢的类型有：C 型钢、U 型钢、Z 型钢、带钢、镀锌带钢、镀锌卷板、镀锌 C 型钢、镀锌 U 型钢、镀锌 Z 型钢。可用作钢架、桁架、梁、柱等主要承重构件，也被用作屋面檩条、墙架梁柱、龙骨、门窗、屋面板、墙面板、楼板等次要构件和围护结构。

（5）钢板按轧制方式可分为热轧钢板和冷轧钢板。

1）热轧碳素结构钢厚板，是钢结构的主要用钢材。

2）低合金高强度结构钢厚板，用于重型结构、大跨度桥梁和高压容器等。

3）薄板用于屋面、墙面或轧型板原料等。常见的有压型钢板、花纹钢板、彩色涂层钢板。

巩固练习

1.【判断题】冲击韧性指标是通过标准试件的弯曲冲击韧性试验确定的。　　　（　　）

2.【判断题】钢板按轧制方式可分为热轧钢板、冷轧钢板和低温轧钢板。　　　（　　）

3.【单选题】下列关于钢材分类的相关说法中，错误的是（　　）。

A. 按化学成分合金钢分为低合金钢、中合金钢和高合金钢

B. 按质量分为普通钢、优质钢和高级优质钢

C. 含碳量为 0.2%～0.5%的碳素钢为中碳钢

D. 按脱氧程度分为沸腾钢、镇静钢和特殊镇静钢

4.【单选题】低碳钢的含碳量（　　）。

A. <0.25%   B. 0.25%~0.60%

C. ≥0.60%   D. ≥0.25%

5.【单选题】下列关于钢结构用钢材的相关说法中，正确的是(   )。

A. 工字钢主要用于承受轴向力的杆件、承受横向弯曲的梁以及联系杆件

B. Q235A 代表屈服强度为 235N/mm²，A 级，沸腾钢

C. 低合金高强度结构钢均为镇静钢或特殊镇静钢

D. 槽钢广泛应用于各种建筑结构和桥梁，主要用于承受横向弯曲的杆件，但不宜单独用作轴心受压构件或双向弯曲的构件

6.【多选题】下列关于钢材的技术性能的相关说法中，正确的是(   )。

A. 钢材最重要的使用性能是力学性能

B. 伸长率是衡量钢材塑性的一个重要指标，δ 越大说明钢材的塑性越好

C. 常用的测定硬度的方法有布氏法和洛氏法

D. 钢材的工艺性能主要包括冷弯性能、焊接性能、冷拉性能、冷拔性能、冲击韧性等

E. 钢材可焊性的好坏，主要取决于钢的化学成分，含碳量高将增加焊接接头的硬脆性，含碳量小于 0.2% 的碳素钢具有良好的可焊性

7.【多选题】冷弯薄壁型钢可用于(   )构件。

A. 桁架承重构件   B. 千斤顶

C. 围护结构   D. 龙骨

E. 屋面檩条

【答案】1. √；2. ×；3. C；4. A；5. C；6. ABC；7. ACDE

考点 22：钢筋混凝土结构用钢材的品种及特性★●

教材点睛 教材 P42～P44

1. 钢筋混凝土结构用钢材主要是由碳素结构钢和低合金结构钢轧制而成的各种钢筋。常用的是热轧钢筋、预应力混凝土用钢丝和钢绞线。

2. 热轧钢筋分为：光圆钢筋和带肋钢筋两大类。

(1) 热轧光圆钢筋：塑性及焊接性能很好，但强度较低，广泛用于钢筋混凝土结构的构造筋。

(2) 热轧带肋钢筋：延性、可焊性、机械连接性能和锚固性能均较好，且其 400MPa、500MPa 级钢筋的强度高，实际工程中主要用作结构构件中的受力主筋、箍筋等。

3. 冷加工钢筋分为：冷轧带肋钢筋和冷拔低碳钢丝两类。

4. (预应力混凝土) 热处理钢筋：强度高、锚固性好，不易打滑，预应力值稳定；施工简便，开盘后钢筋自然伸直，不需调直及焊接。主要用于预应力钢筋混凝土轨枕。

5. 预应力混凝土用钢丝

(1) 分类：按加工状态分为冷拉钢丝和消除应力钢丝两类。

(2) 优点：抗拉强度比钢筋混凝土用热轧光圆钢筋、热轧带肋钢筋高很多，在构件中采用预应力钢丝可节省钢材、减少构件截面和节省混凝土。

(3) 适用范围：预应力钢丝主要用于桥梁、吊车梁、大跨度屋架和管桩等预应力钢筋混凝土构件中。

6. 预应力混凝土钢绞线

(1) 预应力钢绞线按捻制结构分为五类。

(2) 优点：强度高、柔度好，质量稳定，与混凝土粘结力强，易于锚固，成盘供应不需接头等。

(3) 适用范围：大跨度、大负荷的桥梁、电杆、轨枕、屋架、大跨度吊车梁等结构的预应力筋。

巩固练习

1.【判断题】钢筋混凝土结构常用的是热轧钢筋、预应力混凝土用钢丝和钢绞线。

(   )

2.【判断题】热轧钢筋分为光圆钢筋和带肋钢筋两大类。 (   )

3.【单选题】钢绞线的优点不包括(   )。

A. 与混凝土粘结力强　　　　　　B. 柔度好

C. 强度高　　　　　　　　　　　D. 易于拆除

4.【单选题】热轧光圆钢筋广泛用于钢筋混凝土结构的(   )。

A. 抗剪钢筋　　　　　　　　　　B. 弯起钢筋

C. 受力主筋　　　　　　　　　　D. 构造筋

5.【多选题】预应力钢丝主要用于(   )等预应力钢筋混凝土构件中。

A. 基础底板　　　　　　　　　　B. 吊车梁

C. 桥梁　　　　　　　　　　　　D. 大跨度屋架

E. 管桩

6.【多选题】下列关于钢筋混凝土结构用钢材的相关说法中，错误的是(   )。

A. 根据表面特征不同，热轧钢筋分为光圆钢筋和带肋钢筋两大类

B. 热轧光圆钢筋的塑性及焊接性能很好，但强度较低，故广泛用于钢筋混凝土结构的构造筋

C. 钢丝按外形分为光圆钢丝、螺旋肋钢丝、刻痕钢丝三种

D. 预应力钢绞线主要用于桥梁、吊车梁、大跨度屋架和管桩等预应力钢筋混凝土构件中

E. 预应力钢丝主要用于大跨度、大负荷的桥梁、电杆、轨枕、屋架、大跨度吊车梁等结构的预应力筋

【答案】1.√；2.√；3.D；4.D；5.BCDE；6.DE

第三章 建筑工程识图

第一节 房屋建筑施工图的基本知识

考点 23：房屋建筑施工图的作用及组成●

> **教材点晴** 教材 P45～P47

1. 建筑施工图的组成及作用

（1）建筑施工图组成：建筑设计说明、建筑总平面图、建筑平面图、建筑立面图、建筑剖面图及建筑详图等。

（2）建造房屋时，建筑施工图主要作为定位放线、砌筑墙体、安装门窗及装修施工的依据。

2. 结构施工图的组成及作用

（1）结构施工图的组成：结构设计说明、结构平面布置图和结构详图三部分。

（2）结构施工图的作用：是施工放线、开挖基坑（槽），施工承重构件（如梁、板、柱、墙、基础、楼梯等）结构施工的依据。

3. 设备施工图的作用：给水排水、供电照明、供暖通风、空调、燃气工程等各专业施工依据。

考点 24：房屋建筑施工图的图示特点及制图标准相关规定●

> **教材点晴** 教材 P47～P51

1. 房屋建筑施工图图示特点

（1）施工图中的各图样用正投影法绘制。

（2）施工图绘制比例较小，对于需要表达清楚的节点、剖面等部位，则用较大比例进行绘制。

（3）建筑构配件、卫生设备、建筑材料等图例采用统一的国家标准标注。

2. 制图标准相关规定

（1）常用建筑材料图例【详见表 3-1，P47】

（2）尺寸标注形式【详见表 3-3，P49】

（3）标高：①建筑施工图纸中的标高采用相对标高，以建筑物地上部分首层室内地面作为相对标高的±0.000 点。地上部分标高为正数，地下部分标高为负数。②标高单位除建筑总平面图以米为单位外，其余一律以毫米为单位。③在建施工图中的标高数字表示其完成面的数值。

1.【判断题】房屋建筑施工图是工程设计阶段的最终成果，同时又是工程施工、监理和计算工程造价的主要依据。 （　　）

2.【判断题】结构平面布置图是为了清楚地表示某些重要构件的结构做法。 （　　）

3.【单选题】按照内容和作用不同，下列不属于房屋建筑施工图的是（　　）。

A. 建筑施工图

B. 结构施工图

C. 设备施工图

D. 系统施工图

4.【单选题】下列关于结构施工图的作用的说法中，不正确的是（　　）。

A. 结构施工图是施工放线、开挖基坑（槽），施工承重构件的主要依据

B. 结构立面布置图是表示房屋中各承重构件总体立面布置的图样

C. 结构设计说明是带全局性的文字说明

D. 结构详图一般包括梁、柱、板及基础结构详图，楼梯结构详图，屋架结构详图等

5.【单选题】下列各项中，不属于设备施工图的是（　　）。

A. 给水排水施工图

B. 采暖通风与空调施工图

C. 基础详图

D. 电气设备施工图

6.【单选题】不是建筑立面图表达的是（　　）。

A. 建筑物的地理位置和周围环境

B. 门窗位置及形式

C. 外墙面装修做法

D. 房屋的外部造型

7.【单选题】作为定位放线、砌筑墙体、安装门窗、装修的依据是（　　）。

A. 设备施工图

B. 建筑施工图

C. 结构平面布置图

D. 结构施工图

8.【多选题】下列关于建筑制图的线型及其应用的说法中，正确的是（　　）。

A. 平、剖面图中被剖切的主要建筑构造（包括构配件）的轮廓线用粗实线绘制

B. 建筑平、立、剖面图中的建筑构配件的轮廓线用中粗实线绘制

C. 建筑立面图或室内立面图的外轮廓线用中粗实线绘制

D. 拟建、扩建建筑物轮廓用中粗虚线绘制

E. 预应力钢筋线在建筑结构中用粗单点长画线绘制

【答案】1. √；2. ×；3. D；4. B；5. C；6. A；7. B；8. ABD

第二节 建筑施工图的图示方法及内容

考点 25：建筑施工图的图示方法及内容●

> **教材点睛** 教材 P51~P59

1. 建筑总平面图

(1) 建筑总平面图的图示方法：是新建房屋所在地域的一定范围内的<u>水平投影图</u>。

(2) 总平面图的图示主要内容及作用

1) 新建建筑物的定位：①按原有建筑物或原有道路定位；②按测量坐标或建筑坐标定位。

2) 标高：在总平面图中，标高以米为单位，并保留至小数点后两位。

3) 指北针或风玫瑰图：用来确定新建房屋的朝向。

4) 建筑红线：是各地方国土管理部门提供给建设单位的土地使用范围，任何建筑物在设计和施工中均不能超过此线。

5) 管道布置于绿化规划。

2. 建筑平面图

(1) 建筑平面图的图示方法：相当于建筑物的<u>水平剖面图</u>，反映建筑物内各层的布置情况；被剖切到的墙、柱断面轮廓线用粗实线画出，其余可见的轮廓线用中实线或细实线绘制，尺寸标注和标高符号均用细实线绘制，定位轴线用细单点长画线绘制。砖墙一般不画图例，钢筋混凝土的柱和墙的断面通常涂黑表示。

(2) 建筑平面图的图示内容【详见 P54-P55】

3. 建筑立面图

(1) 建筑立面图的图示方法：建筑物主要外墙面的<u>正投影图</u>（立面图），一般按朝向＋立面图两端轴线编号命名；立面图的最外轮廓线为粗实线；建筑构件及门窗轮廓线用中粗实线画出；其余轮廓线均为细实线；地坪线为加粗实线。

(2) 建筑立面图的图示内容【详见 P56】

4. 建筑剖面图

(1) 建筑剖面图的图示方法：相当于建筑物的竖向剖面图，反映建筑物高度方向的结构形式；被剖切到的墙、板、梁等构件断面轮廓线用粗实线表示；没有被剖切到的轮廓线用细实线表示。

(2) 建筑剖面图的图示内容【详见 P57】

5. 建筑详图： 包括内外墙节点、楼梯、电梯、厨房、卫生间、门窗、室内外装饰等。

1.【判断题】建筑总平面图是将拟建工程四周一定范围内的新建、拟建、原有和将拆除的建筑物、构筑物连同其周围的地形地物状况，用正投影方法画出的图样。　　（　　）

2.【判断题】建筑平面图中凡是被剖切到的墙、柱断面轮廓线用粗实线画出，其余可见的轮廓线用中实线或细实线绘制，尺寸标注和标高符号均用细实线绘制，定位轴线用细单点长画线绘制。　　（　　）

3.【单选题】下列关于建筑总平面图图示内容的说法中，正确的是（　　）。

A. 新建建筑物的定位一般采用两种方法，一是按原有建筑物或原有道路定位；二是按坐标定位

B. 在总平面图中，标高以米为单位，并保留至小数点后三位

C. 新建房屋所在地区风向情况的示意图即为风玫瑰图，风玫瑰图不可用于表明房屋和地物的朝向情况

D. 临时建筑物在设计和施工中可以超过建筑红线

4.【单选题】下列关于建筑剖面图和建筑详图基本规定的说法中，错误的是（　　）。

A. 剖面图一般表示房屋在高度方向的结构形式

B. 建筑剖面图中高度方向的尺寸包括总尺寸、内部尺寸和细部尺寸

C. 建筑剖面图中不能详细表示清楚的部位应引出索引符号，另用详图表示

D. 需要绘制详图或局部平面放大的有内外墙节点、楼梯、电梯、厨房、卫生间、门窗、室内外装饰等

5.【单选题】建筑总平面图的主要内容不包括（　　）。

A. 新建建筑物的定位

B. 标高

C. 指北针或风玫瑰图

D. 外墙节点

6.【多选题】下列有关建筑平面图的图示内容的表述中，不正确的是（　　）。

A. 定位轴线横向编号用阿拉伯数字从左至右顺序编写，竖向编号用大写拉丁字母从上至下顺序编写

B. 对于隐蔽的或者在剖切面以上部位的内容，应以虚线表示

C. 建筑平面图上的外部尺寸在水平方向和竖直方向各标注三道尺寸

D. 在平面图上所标注的标高均应为绝对标高

E. 屋面平面图一般内容有：女儿墙、檐沟、屋面坡度、分水线与落水口、变形缝、楼梯间、水箱间、天窗、上人孔、消防梯以及其他构筑物、索引符号等

【答案】1. ×；2. √；3. A；4. B；5. D；6. AD

第三节　房屋建筑施工图的识读

考点 26：施工图的识读

教材点睛　教材 P59～P60

1. 施工图识读方法

1）总揽全局：先阅读建筑施工图，建立起建筑物的轮廓概念；其次阅读结构施工图目录，对图样数量和类型做到心中有数；再阅读结构设计说明，了解工程概况及所采用的标准图等；最后粗读结构平面图，了解构件类型、数量和位置。

2）循序渐进：根据投影关系、构造特点和图纸顺序，从前往后、从上往下、从左往右、由外向内、由大到小、由粗到细反复阅读。

3）相互对照：识读施工图时，应当图样与说明对照看，建施图、结施图、设施图对照看，基本图与详图对照看。

4）重点细读：以不同工种身份，有重点地细读施工图，掌握施工必需的重要信息。

2. 施工图识读步骤：阅读图纸目录→ 阅读设计总说明→ 通读图纸→ 精读图纸。

巩固练习

1.【判断题】施工图识读方法包括总揽全局、循序渐进、相互对照、重点细读四个部分。　　　　　　　　　　　　　　　　　　　　　　　　　（　　）

2.【判断题】识读施工图的一般顺序为：阅读图纸目录→阅读设计总说明→通读图纸→精读图纸。　　　　　　　　　　　　　　　　　　　　　　　　（　　）

3.【单选题】施工图识读方法的说法正确的是（　　）。

A. 先阅读结构施工图目录

B. 先阅读结构设计说明

C. 先粗读结构平面图，了解构件类型、数量和位置

D. 先阅读建筑施工图

4.【多选题】施工图识读方法包括（　　）。

A. 总揽全局　　　　　　　　　　　B. 循序渐进

C. 相互对照　　　　　　　　　　　D. 重点细读

E. 先详图，后基本图

【答案】1.√；2. √；3. D；4. ABCD

第四章 建筑施工技术

第一节 地基与基础工程

考点27：基坑（槽）开挖、支护及回填方法

教材点睛 教材P61～P63

1. 基坑（槽）开挖

（1）施工工艺流程：测量放线→切线分层开挖→排水/降水→修坡→平整→验槽

（2）在地下水位以下挖土时，应在基坑（槽）四周挖好临时排水沟和集水井，或采用井点降水，将水位降低至坑、槽底以下500mm，方可开挖。

（3）基坑开挖时，应对平面控制桩、水准点、基坑平面位置、水平标高、边坡坡度等经常复测检查。

（4）采用机械开挖基坑时，为避免地基扰动，在基底标高以上预留15～30cm厚土层由人工挖掘修整。

（5）基坑挖完后进行验槽，当发现地基土质与地质勘探报告不符时，应及时与有关人员研究处理。

2. 基坑支护

（1）钢板桩支护施工：具有施工速度快、可重复使用的特点。常用材料形式有U型、Z型、直腹板式、H型和组合式。常用的施工机械有自由落锤、气动锤、柴油锤、振动锤。

（2）水泥土桩墙施工：将地基软土和水泥强制搅拌形成水泥土，利用水泥和软土之间产生的物理化学反应，使软土硬化成整体而形成具有一定强度的挡土、防渗墙。

（3）地下连续墙施工：用特制的挖槽机械，在泥浆护壁下开挖一个单元槽段的沟槽，清底后放入钢筋笼，用导管浇筑混凝土至设计标高，如此逐段施工，用特制的接头将各段连接起来，形成连续的钢筋混凝土墙体。地下连续墙可用作支护结构，同时可用作建筑物的承重结构。

3. 土方回填压实

（1）施工工艺流程：填方土料处理→基底处理→分层回填压实→回填土试验检验合格后继续回填。

（2）土料要求与含水量控制：常用土料有符合压实要求的黏性土、碎石类土、砂土和爆破石渣，淤泥和淤泥质土不能用作填料。土料含水量一般以手握成团，落地开花为适宜。

（3）基底处理：清除基底上垃圾、草皮、树根，排除坑穴中积水、淤泥和杂物。

（4）回填土压实操作：采用分层铺填，人工夯填夯实虚铺厚度20～25cm；机械压实虚铺厚度30～50cm。

1.【判断题】普通土的现场鉴别方法为用镐挖掘。　　　　　　　　　　（　　）

2.【判断题】坚石和特坚石的现场鉴别方法都可以是用爆破方法。　　（　　）

3.【判断题】岩土的工程分类的第五类是次坚石。　　　　　　　　　（　　）

4.【判断题】基坑开挖时，应对平面控制桩、水准点、基坑平面位置、水平标高、边坡坡度等经常复测检查。　　　　　　　　　　　　　　　　　　　　　（　　）

5.【单选题】下列土的工程分类，除（　　）之外，均为岩石。

A. 软石　　　　　　　　　　　　　B. 砂砾坚土

C. 坚石　　　　　　　　　　　　　D. 软石

6.【单选题】下列关于基坑（槽）开挖施工工艺的说法中，正确的是（　　）。

A. 采用机械开挖基坑时，为避免破坏基底土，应在标高以上预留 15～50cm 的土层由人工挖掘修整

B. 基坑采用井点降水，将水位降低至坑、槽底以下 500mm，以利于土方开挖

C. 雨期施工时，基坑（槽）需全段开挖，尽快完成

D. 当基坑挖好后不能立即进行下道工序时，应预留 30cm 的土不挖，待下道工序开始，再挖至设计标高

7.【单选题】应在基坑（槽）四侧或两侧挖好临时排水沟和集水井，或采用井点降水，将水位降低至坑、槽底以下（　　）以利土方开挖。

A. 600mm　　　　　　　　　　　　B. 500mm

C. 400mm　　　　　　　　　　　　D. 300mm

8.【单选题】不属于常用的钢板桩是（　　）。

A. U 型　　　　　　　　　　　　　B. Z 型

C. 直腹板式　　　　　　　　　　　D. 非组合式钢板桩

9.【单选题】当打夯机械夯实填土时，每层铺土厚度最多不得超过（　　）。

A. 100mm　　　B. 250mm　　　C. 350mm　　　D. 500mm

【答案】1.×；2.√；3.×；4.√；5.B；6.B；7.B；8.D；9.B

考点 28：混凝土基础施工

教材点睛　教材 P64～P65

1. 混凝土基础施工工艺流程

基坑测量放线→（基础降水）→基坑开挖→（边坡支护）→验槽→（地基处理）→垫层放线→垫层混凝土浇筑→基础放线→基础验线→基础钢筋绑扎→基础钢筋隐蔽→基础模板支设→基础混凝土浇筑。

2. 钢筋混凝土扩展基础（独立基础、条形基础）施工要点

（1）基坑验槽完成后，应尽快进行垫层混凝土施工，以保护地基。

（2）先支模后绑扎钢筋，模板支设要求牢固，无缝隙。

（3）钢筋绑扎完成后，做好隐蔽验收工作。

（4）混凝土浇筑前，应将模板内的垃圾、杂物应清除干净；木模板应浇水湿润。

（5）混凝土宜分段分层浇筑，每层厚度不超过 500mm，各段各层间应互相衔接长度 2～3m，逐段逐层呈阶梯形推进；混凝土应连续浇筑，以保证结构良好的整体性。

3. 筏形基础（梁板式、平板式）、箱形基础施工要点

（1）当基坑开挖危及邻近（建）构筑物、道路及地下管线的安全与使用时，开挖也应采取支护措施。

（2）基础长度超过 40m 时，宜设置施工缝，缝宽不宜小于 80cm。在施工缝处，钢筋必须贯通。

（3）基础混凝土应采用同一品种水泥、掺合料、外加剂和同一配合比。

巩固练习

1.【判断题】钢筋混凝土扩展基础施工工艺流程：测量放线→基坑开挖、验槽→混凝土垫层施工→支基础模板→钢筋绑扎→浇基础混凝土。　　　　　　　　　　　　（　　）

2.【单选题】下列关于筏形基础施工的说法，不正确的是（　　　　）。

A. 地下水位影响施工应降低地下水

B. 机械开挖基础应保留 100～150mm 土层人工挖除

C. 基坑并挖完成经验收后，立即进行基础施工

D. 基础长度超过 40m 时宜设置施工缝

3.【单选题】混凝土基础宜分段分层浇筑，每层厚度不超过（　　　）mm。

A. 500　　　　　　　　　　　　　　　B. 600

C. 800　　　　　　　　　　　　　　　D. 1000

【答案】1. ×；2. B；3. A

第二节 砌 体 工 程

考点 29：砌体工程★

1. 砌体工程的类型包括：砖砌体、石砌体、砌块砌体、配筋砌体。

2. 砖砌体施工要点

（1）找平、放线：砌筑前，在基础防潮层或楼面上先用水泥砂浆或细石混凝土找平，然后在龙门板上以定位钉为标志，弹出墙的轴线、边线，定出门窗洞口位置。

（2）摆砖：校对放出的墨线在门窗洞口、附墙垛等处是否符合砖的模数，以尽可能减少砍砖，并使砌体灰缝均匀（砖缝 10mm），组砌得当。

（3）立皮数杆：一般立于房屋的四大角、内外墙交接处、楼梯间以及洞口等部位，间距 10～15m。皮数杆应有两个方向斜撑或锚钉加以固定，每次砌砖前应用水准仪校正标高，检查皮数杆的垂直度和牢固程度。

（4）盘角、砌筑：盘角时主要大角不宜超过 5 皮砖，且应随砌随盘，做到"三皮一吊，五皮一靠"，对照皮数杆检查无误后，才能挂线砌筑中间墙体。砌筑时要挂线砌筑，一砖墙单面挂线，一砖半以上砖墙宜双面挂线。

（5）清理、勾缝：砌筑完成后，应及时清理墙面和落地灰。墙面勾缝有采用砌筑砂浆随砌随勾缝，灰缝深度 1cm，砌完整个墙体后，再用细砂拌制 1：1.15 水泥砂浆勾缝。

（6）楼层轴线引测：根据龙门板上标注的轴线位置将轴线引测到房屋的外墙基上，二层以上各层墙的轴线，可用经纬仪或吊锤球引测到楼层上，同时根据图轴线尺寸用钢尺进行校核。

（7）楼层标高的控制方法有两种：一种采用皮数杆控制，另一种在墙角两点弹出水平线进行控制。

3. 砌块砌体施工要点

（1）基层处理：清理砌筑基层，用砂浆找平，拉线，用水平尺检查其平整度。

（2）砌底部实心砖：在砌第一皮加气砖前，应用实心砖砌筑，高度宜不小于 200mm。

（3）拉准线、铺灰、依准线砌筑：灰缝厚度宜为 15mm，灰缝要求横平竖直，水平灰缝应饱满；竖缝采用挤浆和加浆方法，不得出现透明缝，严禁用水冲洗灌缝。

（4）埋墙拉筋：与钢筋混凝土柱（墙）的连接，采取在混凝土柱（墙）上打入 2ϕ6@500 的膨胀螺栓，然后在膨胀螺栓上焊接 ϕ6 的钢筋，埋入加气砖墙体 1000mm。

（5）砌块整砖砌至梁底，待一周后，采用灰砂砖斜砌顶紧。

4. 毛石砌体施工要点

（1）砂浆用水泥砂浆或水泥混合砂浆，一般用铺浆法砌筑，灰缝厚度应符合要求，且砂浆饱满。毛料石和粗料石砌体的灰缝厚度不大于 20mm，细料石砌体的灰缝厚度不大于 5mm。

（2）毛石砌体宜分皮卧砌，且按内外搭接，上下错缝，拉结石、丁砌石交错设置的原则组砌，不得采用外面侧立石块，中间填心的砌筑方法。每日砌筑高度不大于 1.2m，在转角处及交接处应同时砌筑或留斜槎。

（3）外观要求整齐的毛石墙面，外皮石材需适当加工。毛石墙的第一皮及转角、交接处和洞口处，及每个楼层砌体最上一皮，应用料石或较大的平毛石砌筑。

（4）平毛石砌筑，第一皮大面向下，以后各皮上下错缝内外搭接，墙中不应放铲口石和全部对合石，毛石墙必须设置拉结石，拉结石应均匀分布相互错开，每 0.7m² 墙面至少设置一块，且同皮内的中距不大于 2m。

（5）毛石挡土墙一般按 3～4 皮为一个分层高度砌筑，每砌一个分层高度应找平一次；毛石挡土墙外露面灰缝厚度不大于 40mm，两个分层高度间分层处的错缝不小于 80mm；对于中间毛石砌筑的料石挡土墙，丁砌料石应深入中间毛石部分的长度不小于 200mm；挡土墙的泄水孔若无设计规定，应按每米高度上间隔 2m 设置一个。

1.【判断题】根据砌筑主体的不同,砌体工程可分为砖砌体工程、砌块砌体工程、配筋砌体工程。 （   ）

2.【判断题】常用的石砌体有料石砌体、毛石砌体、毛石混凝土砌体。 （   ）

3.【判断题】砌筑盘角时主要大角不宜超过 5 皮砖,且应随砌随盘。 （   ）

4.【单选题】下列按砌筑主体不同分类的砌体工程中,不符合的是(   )。

A. 砖砌体工程　　　　　　　　　　B. 砌块砌体工程

C. 石砌体工程　　　　　　　　　　D. 混凝土砌体工程

5.【单选题】砖砌体的施工工艺过程正确的是(   )。

A. 找平、放线、摆砖样、盘角、立皮数杆、砌筑、勾缝、清理、楼层标高控制、楼层轴线标引等

B. 找平、放线、摆砖样、立皮数杆、盘角、砌筑、清理、勾缝、楼层轴线标引、楼层标高控制等

C. 找平、放线、摆砖样、立皮数杆、盘角、砌筑、勾缝、清理、楼层轴线标引、楼层标高控制等

D. 找平、放线、立皮数杆、摆砖样、盘角、挂线、砌筑、勾缝、清理、楼层标高控制、楼层轴线标引

6.【单选题】下列关于砌块砌体施工工艺的基本规定中,正确的是(   )。

A. 灰缝厚度宜为 15mm

B. 灰缝要求横平竖直,水平灰缝应饱满,竖缝采用挤浆和加浆方法,严禁用水冲洗清理灌缝

C. 在墙体底部,在砌第一皮加气砖前,应用实心砖砌筑,其高度宜不小于 200mm

D. 与梁的接触处待加气砖砌完 14d 后采用灰砂砖斜砌顶紧

7.【单选题】与梁的接触处待加气砖砌完(   )星期后采用灰砂砖斜砌顶紧。

A. 1　　　　　　　B. 2　　　　　　　C. 3　　　　　　　D. 4

8.【单选题】下列关于毛石砌体施工工艺的基本规定中,有误的是(   )。

A. 毛石料和粗石料砌体的灰缝厚度不宜大于 10mm,细石料砌体的灰缝厚度不宜小于 10mm

B. 施工工艺流程为:施工准备→试排摆底→砌筑毛石（同时搅拌砂浆）→勾缝→检验评定

C. 每日砌筑高度不宜超过 1.2m,在转角处及交接处应同时砌筑,如不能同时砌筑时,应留斜槎

D. 毛石挡土墙一般按 3～4 皮为一个分层高度砌筑,每砌一个分层高度应找平一次

9.【多选题】以下关于砖砌体的施工工艺的基本规定中,正确的是(   )。

A. 皮数杆一般立于房屋的四大角、内外墙交接处、楼梯间以及洞口多的洞口,可每隔 5～10m 立一根

B. 一般在房屋外纵墙方向摆顺砖,在山墙方向摆丁砖,砖与砖留 10mm 缝隙

C. 盘角时主要大角不宜超过 5 皮砖,且应随砌随盘,做到"三皮一吊,五皮一靠"

D. 各层标高除立皮数杆控制外，还可弹出室内水平线进行控制

E. 加浆勾缝系指再砌筑几皮砖以后，先在灰缝处划出 2cm 深的灰槽

10.【多选题】下列关于毛石砌体和砌块砌体施工工艺的基本规定中有误的是（   ）。

A. 毛石墙砌筑时，墙角部分纵横宽度至少 0.8m

B. 对于中间毛石砌筑的料石挡土墙，丁砌料石应深入中间毛石部分的长度不应小于 200mm

C. 毛石墙必须设置拉结石，拉结石应均匀分布，相互错开，一般每 0.5m² 墙面至少设置一块，且同皮内的中距不大于 2m

D. 砌块砌体施工工艺流程为：基层处理—测量墙中线→弹墙边线→砌底部实心砖→立皮数杆→拉准线、铺灰、依准线砌筑→埋墙拉筋→梁下、墙顶斜砖砌筑

E. 砌块砌体的埋墙拉筋应与钢筋混凝土柱（墙）的连接，采取在混凝土柱（墙）上打入 2φ6 @1000 的膨胀螺栓

【答案】1. ×；2. √；3. √；4. D；5. B；6. B；7. A；8. A；9. BCD；10. CE

第三节　钢筋混凝土工程

考点 30：常见模板种类★

> **教材点睛**　教材 P68～P70
>
> **1. 组合式模板**：具有通用性强、装拆方便、周转使用次数多等特点；常见形式有组合钢模板、钢框木（竹）胶合板模板两种。
>
> **2. 工具式模板**：是针对工程结构构件的特点，研制开发的可持续周转使用的专用性模板。包括大模板、滑动模板、爬升模板、飞模、模壳等。
>
> **3. 永久性模板**：一次性消耗模板，是在结构构件混凝土浇筑后模板不拆除，并构成构件受力或非受力的组成部分。包括压型钢板模板、预应力混凝土薄板模板。

考点 31：钢筋工程施工工艺★

> **教材点睛**　教材 P70～P75
>
> **1. 钢筋加工包括**：除锈、调直、切断、弯曲成型等工序。加工质量需满足设计及规范要求。
>
> **2. 钢筋的连接**
>
> （1）钢筋连接的方法分为三类：绑扎搭接、焊接和机械连接。其中，受拉钢筋的直径大于 28mm 及受压钢筋的直径大于 32mm 时，不宜采用绑扎搭接方式。
>
> （2）钢筋绑扎搭接连接施工要点：同一构件中相邻纵向受力钢筋的绑扎搭接接头宜相互错开；纵向受拉钢筋搭接长度不应小于 300mm，纵向受压钢筋搭接长度不应小于 200mm。

(3) 钢筋焊接连接方法有：钢筋电阻点焊、钢筋电弧焊、钢筋电渣压力焊。

(4) 钢筋机械连接方法有：套筒挤压连接、锥螺纹套筒连接、镦粗直螺纹套筒连接、滚轧直螺纹套筒连接（直接滚轧螺纹、压肋滚轧螺纹、剥肋滚轧螺纹）。

3. 钢筋安装施工

(1) 钢筋绑扎准备

1) 核对成品钢筋的钢号、直径、形状、尺寸和数量等是否与料单料牌相符。

2) 准备绑扎用的钢丝（20～22 号）、绑扎工具、绑扎架、水泥砂浆垫块或塑料卡等辅助材料、工具。

(2) 基础钢筋绑扎施工要点

1) 钢筋网的绑扎：单层网片及双层网片的下层网片，钢筋弯钩应朝上；双层网片的上层网片，钢筋弯钩朝下。钢筋交叉点应根据设计要求扎牢到位，注意相邻绑扎点铁丝扣成八字形布置。

2) 双层钢筋网上下层之间应设置钢筋支撑，钢筋支撑间距 1m，钢筋直径根据设计板厚确定。

3) 柱插筋位置要准确，固定牢固。

(3) 柱钢筋绑扎施工要点

1) 柱中的竖向钢筋搭接绑扎时，角部钢筋的弯钩应与模板成 45°（多边形柱为模板内角的平分角、圆形柱应与模板切线垂直）。中间钢筋的弯钩应与模板成 90°。

2) 箍筋接头应交错布置在四角纵向钢筋上；箍筋转角与纵向钢筋交叉点均应扎牢，绑扣间成八字形。

3) 下层柱的钢筋露出楼面部分，宜用工具式柱箍收紧固定；当柱截面有变化时，其下层柱钢筋的露出部分，必须在绑扎梁的钢筋之前先行收缩准确。

4) 框架梁、牛腿及柱帽等钢筋，应放在柱的纵向钢筋内侧。

(4) 墙钢筋绑扎施工要点

1) 墙垂直钢筋每段长度不宜超过 4m 或 6m（直径>12mm），水平钢筋每段长度不宜超过 8m。

2) 墙的钢筋网绑扎同基础，钢筋的弯钩应朝向混凝土内。

3) 采用双层钢筋网时，在两层钢筋间应设置撑铁（φ（6～10）@1000），撑铁高度等于两层网片的净距。

(5) 梁、板钢筋绑扎施工要点

1) 单向受力板，应先铺设平行于短边方向的受力钢筋，后铺设平行于长边方向的分布钢筋；双向受力板，应先铺设平行于短边方向的受力钢筋，后铺设平行于长边方向的受力钢筋。

2) 板上部的负筋、主筋与分布钢筋的相交点必须全部绑扎，并垫上保护层垫块；楼板为双层钢筋时，两层钢筋之间应设撑铁，管线应在负筋绑扎前预埋。

3) 板、次梁与主梁交叉处，板的钢筋在上，次梁的钢筋居中，主梁的钢筋在下；当有圈梁或垫梁时，主梁的钢筋在上。

4) 板上部负筋，双层钢筋上部钢筋，雨篷、挑檐、阳台等悬臂板钢筋，应采取防踩踏措施进行保护。

教材点睛 教材 P72～P75(续)

（6）植筋施工：在钢筋混凝土结构上钻孔，注入胶粘剂，植入钢筋，待其固化。植筋效果等同预埋筋。

巩固练习

1.【判断题】爬升模板是综合大模板与滑动模板工艺和特点的一种模板工艺，具有大模板和滑动模板共同的优点。 （　　）

2.【判断题】HPB300 级钢筋末端应做 180°弯钩，其弯弧内直径不应小于钢筋直径的 3 倍。 （　　）

3.【判断题】钢筋做不大于 90°的弯折时，弯折处的弯弧内直径不应小于钢筋直径的 5 倍。 （　　）

4.【判断题】当受拉钢筋的直径 $d>22mm$ 及受压钢筋的直径 $d>25mm$ 时，不宜采用绑扎搭接接头。 （　　）

5.【判断题】柱钢筋绑扎的施工工艺流程为：调整插筋位置，套入箍筋→立柱子四个角的主筋→立柱内其余主筋→绑扎钢筋接头→将主骨架钢筋绑扎成形。 （　　）

6.【判断题】板、次梁与主梁交叉处，当有圈梁或垫梁时，主梁的钢筋在下。（　　）

7.【单选题】下列模板不属于组合式模板的是(　　)。

A. 平面模板　　　　　　　　　　B. 阴角模板

C. 阳角模板　　　　　　　　　　D. 滑动模板

8.【单选题】下列各项中，关于常见模板的种类、特性的基本规定不正确的说法是(　　)。

A. 常见模板的种类有组合式模板、工具式模板两大类

B. 爬升模板适用于现浇钢筋混凝土竖向（或倾斜）结构

C. 飞模适用于小开间、小柱网、小进深的钢筋混凝土楼盖施工

D. 组合式模板可事先按设计要求组拼成梁、柱、墙、楼板的大型模板，整体吊装就位，也可采用散支散拆方法

9.【单选题】下列各项中，关于钢筋连接的基本规定不正确的说法是(　　)。

A. 钢筋的连接可分为绑扎连接、焊接和机械连接三种

B. 在任何情况下，纵向受拉钢筋绑扎搭接接头的搭设长度不应小于 300mm，纵向受压钢筋的搭接长度不应小于 200mm

C. 钢筋机械连接有钢筋套筒挤压连接、钢筋锥螺纹套筒连接、钢筋镦粗直螺纹套筒连接、钢筋滚轧直螺纹套筒连接

D. 当受拉钢筋的直径 $d>22mm$ 及受压钢筋的直径 $d>25mm$ 时，不宜采用绑扎搭接接头

10.【单选题】下列各项中，关于钢筋安装的基本规定正确的说法是(　　)。

A. 钢筋绑扎用的 22 号钢丝只用于绑扎直径 14mm 以下的钢筋

B. 基础底板采用双层钢筋网时，在上层钢筋网下面每隔 1.5m 放置一个钢筋撑脚

C. 基础钢筋绑扎的施工工艺流程为：清理垫层、画线—摆放下层钢筋，并固定绑扎—摆放钢筋撑脚（双层钢筋时）—绑扎柱墙预留钢筋—绑扎上层钢筋

D. 控制混凝土保护层用的水泥砂浆垫块或塑料卡的厚度，应等于保护层厚度

11. 【多选题】下列关于模板安装与拆除的基本规定中正确的是（ ）。

A. 同一条拼缝上的 U 型卡，不宜向同一方向卡紧

B. 钢楞宜采用整根杆件，接头宜错开设置，搭接长度不应小于 300mm

C. 模板支设时，采用预组拼方法，可以加快施工速度，提高工效和模板的安装质量，但必须具备相适应的吊装设备和有较大的拼装场地

D. 模板拆除时，当混凝土强度大于 $1.2N/mm^2$ 时，应先拆除侧面模板，再拆除承重模板

E. 模板拆除的顺序和方法，应按照配板设计的规定进行，遵循先支后拆，先非承重部位，后承重部位以及自上而下的原则

12. 【多选题】下列各项中，属于钢筋加工的是（ ）。

A. 钢筋除锈　　　　　　　　　　B. 钢筋调直

C. 钢筋切断　　　　　　　　　　D. 钢筋冷拉

E. 钢筋弯曲成型

13. 【多选题】下列关于柱钢筋和板钢筋绑扎的施工工艺的规定中正确的是（ ）。

A. 柱钢筋绑扎中箍筋的接头应交错布置在四角纵向钢筋上，箍筋转角与纵向钢筋交叉点均应扎牢

B. 板钢筋绑扎中板、次梁与主梁交叉处，板的钢筋在上，次梁的钢筋居中。主梁的钢筋一直在下侧

C. 板钢筋绑扎的施工工艺流程为：清理垫层、划线→摆放下层钢筋，并固定绑扎→摆放钢筋撑脚（双层钢筋时）→安装管线→绑扎上层钢筋

D. 对于双向受力板，应先铺设平行于短边方向的受力钢筋，后铺设平行于长边方向的受力钢筋

E. 板上部的负筋、主筋与分布钢筋的交叉点应相隔交错扎牢，并垫上保护层垫块

【答案】1. √；2. ×；3. √；4. ×；5. ×；6. ×；7. D；8. C；9. D；10. D；11. ACE；12. ABCE；13. ACD

考点 32：混凝土工程施工工艺★

教材点睛　教材 P75～P76

1. 混凝土工程施工工艺流程：混凝土拌合料的制备→运输→浇筑→振捣→养护。

2. 混凝土拌合料的运输

（1）运输要求：能保持混凝土的均匀性，不离析、不漏浆；浇筑点坍落度检测符合设计配合比要求；应在混凝土初凝前浇入模板并捣实完毕；保证混凝土浇筑能连续进行。

（2）运输时间【详见表 4-3，P75】

（3）运输方案及运输设备：多采用混凝土搅拌运输车运；在工地内混凝土运输可选用"泵送"或"塔式起重机＋料斗"两种方式。

3. 混凝土浇筑施工要求

（1）基本要求

1）混凝土应连续作业，分层浇筑，分层捣实，但两层混凝土浇捣时间间隔不超过规范规定。

2）竖向结构混凝土浇筑前，应底部浇筑 50~100mm 厚与混凝土内砂浆同配比的水泥砂浆（接浆处理）；浇筑高度超过 2m 时，应采用溜槽或串筒下料。

3）浇筑过程应观察模板及其支架、钢筋、埋设件和预留孔洞的情况，当发现变形或位移应立即处理。

（2）混凝土振捣：根据结构特点选用适用的振捣机械振捣混凝土，尽快将拌合物中的空气振出。振捣机械按其作业方式可分为：插入式振动器、表面振动器、附着式振动器和振动台。

4. 混凝土养护

（1）养护方法：自然养护（洒水养护、喷洒塑料薄膜养生液养护）、蒸汽养护、蓄热养护等。

（2）混凝土必须养护至其强度达到 1.2MPa 以上，方可上人、作业。

巩固练习

1.【判断题】混凝土拌合料运到浇筑地点时应具有设计配合比所规定的坍落度。
（   ）

2.【判断题】混凝土必须养护至其强度达到 1.2MPa 以上，才准在上面行人和架设支架、安装模板。
（   ）

3.【单选题】下列关于钢筋混凝土扩展基础施工要点的基本规定，错误的是（   ）。

A. 混凝土宜分段分层灌注，每层厚度不超过 500mm

B. 混凝土自高处倾落高度超过 3m，应设料斗、漏斗、串筒、斜槽、溜管，以防止混凝土产生分层离析

C. 各层各段间应相互衔接，每段长 2~3m，使逐段逐层呈阶梯形推进

D. 混凝土应连续浇灌，以保证结构良好的整体性

4.【单选题】下列各项中，不属于混凝土工程施工内容的是（   ）。

A. 混凝土拌合料的制备   B. 混凝土拌合料的养护

C. 混凝土拌合料的强度测定   D. 混凝土拌合料的振捣

5.【单选题】下列各项中，关于混凝土拌合料运输过程中一般要求不正确的说法是（   ）。

A. 保持其均匀性，不离析、不漏浆

B. 保证混凝土浇筑能连续进行

C. 运到浇筑地点时应具有设计配合比所规定的坍落度

D. 应在混凝土终凝前浇入模板并捣实完毕

6.【单选题】浇筑竖向结构混凝土前,应先在底部浇筑一层水泥砂浆,对砂浆的要求是( )。

A. 与混凝土内砂浆成分相同且强度高一级

B. 与混凝土内砂浆成分不同且强度高一级

C. 与混凝土内砂浆成分不同

D. 与混凝土内砂浆成分相同

7.【单选题】施工缝一般应留在构件( )部位。

A. 受压最小   B. 受剪最小   C. 受弯最小   D. 受扭最小

8.【单选题】关于施工缝的说法不正确的是( )。

A. 在施工缝处继续浇筑混凝土时,混凝土抗压强度不小于1.2MPa方可进行

B. 施工缝处混凝土应细致捣实,使新旧混凝土紧密结合

C. 施工缝应留在结构受剪力较大且便于施工的部位

D. 柱子应留水平缝,梁、板和墙应留垂直缝

9.【单选题】混凝土浇水养护的时间:对采用硅酸盐水泥、普通硅酸盐水泥或矿渣硅酸盐水泥拌制的混凝土,不得少于( )d。

A. 7   B. 10   C. 5   D. 14

10.【多选题】关于混凝土浇筑的说法中正确的是( )。

A. 混凝土的浇筑工作应连续进行

B. 混凝土应分层浇筑,分层捣实,但两层混凝土浇捣时间间隔不超过规范规定

C. 在竖向结构中如浇筑高度超过2m时,应采用溜槽或串筒下料

D. 浇筑竖向结构混凝土前,应先在底部填筑一层20~50mm厚、与混凝土内砂浆成分相同的水泥砂浆

E. 浇筑过程应经常观察模板支架、钢筋、埋设件和预留孔洞的情况,当发现有变形或位移立即处理

【答案】1.√;2.√;3.B;4.C;5.D;6.D;7.B;8.C;9.A;10.ABE

第四节 钢 结 构 工 程

考点33:钢结构工程

教材点晴 | 教材 P76~P79

1. 钢结构的主要连接方法

(1)焊接连接:常用方法有手工电弧焊、埋弧焊、气体保护焊。

(2)螺栓连接:常用方法有普通螺栓连接、高强度螺栓连接、自攻螺钉连接、铆钉连接。

2. 钢结构安装施工工艺要点

(1) 吊装施工:吊点采用四点绑扎,绑扎点应用软材料垫保护;起吊时,先将钢构件吊离地面50cm左右对准安装位置中心,然后将钢构件吊至需连接位置,对准预留螺栓孔就位;将螺栓穿入孔内,初拧固定,垂直度校正后终拧螺栓固定。

(2) 钢构件螺栓连接施工要点

1) 钢构件拼装前应检查清除飞边、毛刺、焊接飞溅物等,摩擦面应保持干燥,不得在雨中作业。

2) 根据设计要求复核螺栓的规格和螺栓型号;将螺栓自由穿入孔内,不得强行敲打,不得气割扩孔。

3) 应从螺栓群中央按顺序向外施拧,当天需终拧完毕;对于大型节点螺栓数量较多时,则需要增加一道复拧工序,复拧扭矩仍等于初拧的扭矩,以保证螺栓均达到初拧值。

4) 施拧采用电动扭矩扳手,按拧紧力矩的50%进行初拧,然后按100%拧紧力矩进行终拧。拧紧时对螺母施加顺时针力矩,对梅花头施加逆时针力矩,终拧至栓杆端部断颈拧掉梅花头为止。

5) 高强度螺栓上、下接触面处加有1/20以上斜度时应采用垫圈垫平。高强度螺栓不得兼作安装螺栓。高强度螺栓孔必须采用机械钻孔,中心线倾斜度不得大于2mm。

(3) 钢构件焊接连接

1) 焊接区表面及其周围20mm范围内,应用彻底清除待焊处表面的氧化皮、锈、油污、水分等污物。

2) 施焊前,焊工应复核焊接件的接头质量和焊接区域的坡口、间隙、钝边等的处理情况。

3) 厚度12mm以下板材,可不开坡口;厚度较大板,需开坡口焊,一般采用手工打底焊。

4) 多层焊时,一般每层焊高为4~5mm;填充层总厚度低于母材表面1~2mm,不得熔化坡口边;盖面层应使焊缝对坡口熔宽每边3±1mm。

5) 不应在焊缝以外的母材上打火引弧。

巩固练习

1. 【判断题】铆钉连接按照铆接应用情况,可以分为活动铆接、固定铆接、密缝铆接。 （　　　）

2. 【判断题】高强度螺栓连接按受力机理分为:摩擦型高强度螺栓和承压型高强度螺栓。 （　　　）

3. 【判断题】钢结构吊点采用四点绑扎时,绑扎点应用软材料垫至其中以防钢构件受损。 （　　　）

4. 【单选题】钢结构的连接方法不包括（　　　）。

A. 绑扎连接   B. 焊接   C. 螺栓连接   D. 铆钉连接

5.【单选题】高强度螺栓的拧紧问题说法错误的是(   )。

A. 高强度螺栓连接的拧紧应分为初拧、终拧

B. 对于大型节点应分为初拧、复拧、终拧

C. 复拧扭矩应当大于初拧扭矩

D. 扭剪型高强度螺栓拧紧时对螺母施加逆时针力矩

6.【单选题】下列焊接方法中，不属于钢结构工程常用的是(   )。

A. 自动（半自动）埋弧焊   B. 闪光对焊

C. 药皮焊条手工电弧焊   D. 气体保护焊

7.【单选题】下列关于钢结构安装施工要点的说法中，正确的是(   )。

A. 钢构件拼装前应检查清除飞边、毛刺、焊接飞溅物，摩擦面应保持干燥、整洁，采取相应防护措施后，可在雨中作业

B. 螺栓应能自由穿入孔内，不能自由穿入时，可采用气割扩孔

C. 起吊时事先将钢构件吊离地面50cm左右，使钢构件中心对准安装位置中心

D. 高强度螺栓可兼作安装螺栓

8.【多选题】下列关于钢结构安装施工要点的说法中，有误的是(   )。

A. 起吊时事先将钢构件吊离地面30cm左右，使钢构件中心对准安装位置中心

B. 高强度螺栓上、下接触面处加有1/15以上斜度时应采用垫圈垫平

C. 施焊前，焊工应检查焊接件的接头质量和焊接区域的坡口、间隙、钝边等的处理情况

D. 厚度大于12~20mm的板材，单面焊后，背面清根，再进行焊接

E. 焊道两端加引弧板和熄弧板，引弧和熄弧焊缝长度应大于或等于150mm

【答案】1.√；2.√；3.√；4.A；5.C；6.B；7.C；8.ABE

第五节　防　水　工　程

考点34：防水砂浆防水工程施工工艺

教材点睛 教材 P79~P81

1. 防水砂浆防水层属于刚性防水。分为刚性多层抹面水泥砂浆防水、掺防水剂水泥砂浆防水、聚合物水泥砂浆防水等三种类型。

2. 常用防水剂分氯化物金属盐和金属皂两类。防水剂掺量占水泥重量的3%~5%。

3. 防水施工环境温度5~35℃，在结构变形、沉降稳定后进行。为防止裂缝可在防水层内增设金属网片。

4. 基层处理：清理干净表面、浇水湿润、补平表面蜂窝孔洞，使基层表面平整、坚实、粗糙，以增加防水层与基层间的粘结力。

5. 防水砂浆应分层施工，每层养护凝固或阴干后，方可进行下一层施工。

6. 防水砂浆防水层完工并待其强度达到要求后，应进行检查，以防水层不渗水为合格。

考点 35：防水混凝土施工工艺★

1. 防水混凝土属于刚性防水；选材要求：水泥强度等级不低于 42.5MPa，水化热低，抗水性好，保水性好，有一定抗侵蚀性的水泥品种；粗骨料粒径 5～30mm 的碎石，平均粒径 0.4mm 的中砂；制备要求：水灰比<0.6，坍落度<50mm，水泥用量在 320～400kg/m³，砂率取 35%～40%。

2. 模板施工要求：模板拼缝严密，保证不漏浆；贯穿墙体的对拉螺栓，要加止水片，拆模后沿混凝土结构边缘将螺栓割断，刷防锈漆。

3. 钢筋施工要求：迎水面防水混凝土的钢筋保护层厚度>50mm；钢筋以及绑扎铁丝均不得接触模板；若采用铁马凳架设钢筋时，应在铁马凳上加焊止水环。

4. 混凝土施工要求：严格分层连续浇筑，每层厚度不宜超过 300～400mm，机械振捣密实，浇筑自由落下高度<1.5m；在常温下，混凝土终凝后（一般浇筑后 4～6h），其表面覆盖草袋，浇水养护，防水混凝土养护时间<14d；防水混凝土结构拆模时，结构表面与周围气温的温差不应过大（一般<15℃）。

5. 施工缝施工要求：底板混凝土应连续浇筑，不得留施工缝；墙体一般只允许留水平施工缝，其位置一般宜留在高出底板上表面<500mm 的墙身上，如必须留设垂直施工缝时，则应留在结构变形缝处；浇筑施工缝混凝土前，应将施工缝处混凝土凿毛，清除浮粒和杂物，用水清洗干净并保持湿润，再铺上一层厚 20～50mm 与混凝土成分相同的水泥砂浆。

考点 36：涂料防水工程施工工艺★

1. 防水涂料防水层属于柔性防水层。常用的防水涂料有橡胶沥青类防水涂料、聚氨酯防水涂料、硅橡胶防水涂料、丙烯酸酯防水涂料、沥青类防水涂料等。

2. 找平层施工：有水泥砂浆找平层、沥青砂浆找平层、细石混凝土找平层三种，施工要求密实平整，找好坡度。找平层的种类及施工要求见表 4-4（P88）。

3. 防水层施工

（1）涂刷基层处理剂：涂刷时应用刷子用力薄涂，使涂料尽量刷进基层表面的毛细孔，并将基层可能留下来的少量灰尘等无机杂质与基层牢固结合。

（2）涂刷防水涂料：施工方法有刮涂、刷涂和机械喷涂。

教材点晴　教材 P82～P84(续)

　　(3) 铺设胎体增强材料：胎体增强材料可以是单一品种，也可以采用玻璃纤维布和聚酯纤维布混合使用。一般下层采用聚酯纤维布，上层采用玻璃纤维布。施工方法可采用湿铺法或干铺法铺贴。

　　(4) 收头处理：所有收头均应用密封材料压边，压边宽度不得小于 10mm，收头处的胎体增强材料应裁剪整齐，不得出现翘边、皱折、露白等现象。

　　4. 保护层种类有：水泥砂浆、泡沫塑料、细石混凝土和砖墙四种，施工要求不得损坏防水层。

考点 37：卷材防水工程施工工艺★

教材点晴　教材 P84～P85

　　1. 卷材防水材料：沥青防水卷材、高聚物改性沥青防水卷材。

　　2. 材料检验：防水卷材及配套材料应有产品合格证书和性能检测报告，材料进场后需进行材料复试。

　　3. 防水层施工要点

　　(1) 找平层表面应坚固、洁净、干燥。

　　(2) 基层处理剂应采用与卷材性能配套（相容）的材料，或采用同类涂料的底子油。

　　(3) 铺贴高分子防水卷材时，切忌拉伸过紧，以免使卷材长期处在受拉应力状态，加速卷材老化。

　　(4) 胶粘剂涂刷与粘合的间隔时间，受胶粘剂本身性能、气温湿度影响，要根据试验、经验确定。

　　(5) 卷材搭接缝结合面应清洗干净，均匀涂刷胶粘剂后，要控制好胶粘剂涂刷与粘合间隔时间，粘合时要排净接缝间的空气，辊压粘牢。接缝口应采用宽度不小于 10mm 的密封材料封严，以确保防水层的整体防水性能。

巩固练习

　　1.【判断题】防水砂浆防水层是依靠增加防水层厚度和提高砂浆层的密实性来达到防水要求。　　　　　　　　　　　　　　　　　　　　　　　　　　　　　　　　(　　)

　　2.【判断题】防水混凝土的水灰比尽可能大。　　　　　　　　　　　　　　　(　　)

　　3.【判断题】卷材防水应采用沥青防水卷材或高聚物改性沥青防水卷材。　　(　　)

　　4.【单选题】下列关于防水工程的说法中，不正确的是（　　）。

　　A. 防水混凝土多采用较大的水灰比，降低水泥用量和砂率，选用较小的骨料直径

　　B. 根据所用材料不同，防水工程可分为柔性防水和刚性防水

　　C. 按工程部位和用途，防水工程又可分为屋面防水工程、地下防水工程、楼地面防水工程

D. 防水砂浆防水通过增加防水层厚度和提高砂浆层的密实性来达到防水要求

5.【单选题】按工程部位和用途，不是防水工程三大类的是（　　）。

A. 屋面防水工程　　　　　　　　B. 室外墙角防水工程

C. 地下防水工程　　　　　　　　D. 楼地面防水工程

6.【单选题】下列关于防水砂浆防水层施工的说法中，正确的是（　　）。

A. 砂浆防水是分层分次施工，相互交替抹压密实的封闭防水整体

B. 防水砂浆防水层的背水面基层的防水层采用五层做法，迎水面基层的防水层采用四层做法

C. 防水层每层应连续施工，素灰层与砂浆层可不在同一天施工完毕

D. 揉浆既保护素灰层又起到防水作用，当揉浆难时，允许加水稀释

7.【单选题】下列关于掺防水剂水泥砂浆防水施工的说法中，错误的是（　　）。

A. 施工工艺流程为：找平层施工→防水层施工→质量检查

B. 当施工采用抹压法时，先在基层涂刷一层 1：0.4 的水泥浆，随后分层铺抹防水砂浆，每层厚度为 10～15mm，总厚度不小于 30mm

C. 氯化铁防水砂浆施工时，底层防水砂浆抹完 12h 后，抹压面层防水砂浆，其厚 13mm 分两遍抹压

D. 防水层施工时的环境温度为 5～35℃

8.【单选题】下列关于涂料防水中防水层施工的说法中，正确的是（　　）。

A. 湿铺法是在铺第三遍涂料涂刷时，边倒料、边涂刷、边铺贴的操作方法

B. 对于流动性差的涂料，为便于抹压，可以采用分条间隔施工的方法，条带宽 800～1000mm

C. 胎体增强材料混合使用时，一般下层采用玻璃纤维布，上层采用聚酯纤维布

D. 所有收头均应用密封材料压边，压扁宽度不得小于 20mm

9.【单选题】下列关于涂料防水施工工艺的说法中，错误的是（　　）。

A. 防水涂料防水层属于柔性防水层

B. 一般采用外防外涂和外防内涂施工方法

C. 工艺流程为：找平层施工→保护层施工→防水层施工→质量检查

D. 找平层有水泥砂浆找平层、沥青砂浆找平层、细石混凝土找平层三种

10.【单选题】下列关于卷材防水施工的说法中，错误的是（　　）。

A. 铺设防水卷材前应涂刷基层处理剂，基层处理剂应为与卷材性能相容的材料

B. 铺贴高分子防水卷材时，切忌拉伸过紧，以免使卷材长期处在受拉应力状态，易加速卷材老化

C. 施工工艺流程为：找平层施工→防水层施工→保护层施工→质量检查

D. 卷材搭接接缝口应采用宽度不小于 20mm 的密封材料封严，以确保防水层的整体防水性能

11.【多选题】下列关于防水混凝土施工工艺的说法中，错误的是（　　）。

A. 水泥选用的强度等级不低于 32.5 级

B. 在保证能振捣密实的前提下水灰比尽可能小，一般不大于 0.6，坍落度不大于 50mm

C. 为了有效起到保护钢筋和阻止钢筋的引水作用，迎水面防水混凝土的钢筋保护层厚度不得小于 35mm

D. 在浇筑过程中，应严格分层连续浇筑，每层厚度不宜超过 300～400mm，机械振捣密实

E. 墙体一般允许留水平施工缝和垂直施工缝

12.【多选题】下列关于涂料防水中质量检查的说法中，正确的是(　　)。

A. 找平层表面平整度的允许偏差为 5mm

B. 涂料防水层不得有渗漏或积水现象，其检验方法为雨后或淋水、蓄水检验

C. 防水涂料和胎体增强材料必须符合设计要求，检验方法为检查出厂合格证和质量检验报告

D. 涂料防水层的平均厚度应符合设计要求，最小厚度不应小于设计厚度的 80％

E. 找平层分格缝的位置和间距应符合设计要求，其检验方法为观察检查

【答案】1. √；2. ×；3. √；4. A；5. B；6. A；7. B；8. B；9. C；10. D；11. ACE；12；ABD

第五章 施 工 项 目 管 理

第一节 施工项目管理的内容及组织

考点 38：施工项目管理的特点及内容

教材点睛 教材 P86~P87

　　1. 施工项目管理的特点：①主体是建筑企业。②对象是施工项目。③管理内容是按阶段变化的。④要求是强化组织协调工作。

　　2. 施工项目管理的内容（8个方面）：①建立施工项目管理组织。②编制施工项目管理规划。③施工项目的目标控制。④施工项目的生产要素管理。⑤施工项目的合同管理。⑥施工项目的信息管理。⑦施工现场的管理。⑧组织协调。

考点 39：施工项目管理的组织机构★

教材点睛 教材 P87~P91

　　1. 施工项目管理组织的主要形式：直线式、职能式、矩阵式、事业部式等。

　　2. 施工项目经理部：由<u>企业授权</u>，在<u>施工项目经理</u>的领导下建立的项目管理组织机构，是施工项目的管理层，其职能是对施工项目实施阶段进行综合管理。

　　（1）项目经理部的性质：相对独立性、综合性、临时性。

　　（2）建立施工项目经理部的基本原则

　　1）根据所设计的项目组织形式设置。

　　2）根据施工项目的规模、复杂程度和专业特点设置。

　　3）根据施工工程任务需要调整。

　　4）适应现场施工的需要。

　　（3）项目经理部部门设置（5个基本部门）：经营核算部、技术管理部、物资设备供应部、质量安全部、安全后勤部。

　　（4）项目部岗位设置及职责

　　1）项目部设置最基本的六大岗位：施工员、质量员、安全员、资料员、造价员、测量员，其他还有材料员、标准员、机械员、劳务员等。

　　2）岗位职责

　　①施工项目经理：施工项目的最高责任人和组织者，是决定施工项目盈亏的关键性角色。

　　②项目技术负责人：在项目部经理的领导下，负责项目部施工生产、工程质量、安全生产和机械设备管理工作。

③ 施工员、质量员、安全员、资料员、造价员、测量员、材料员、标准员、机械员、劳务员都是项目的专业人员,是施工现场的管理者。

(5)项目经理部的解体:企业工程管理部门是项目经理部解体善后工作的主管部门,主要负责项目经理部的解体后工程项目在保修期间问题的处理,包括因质量问题造成的返(维)修、工程剩余价款的结算以及回收等。

巩固练习

1.【判断题】施工项目管理是指建筑企业运用系统的观点、理论和方法对施工项目进行的决策、计划、组织、控制、协调等全过程的全面管理。   (   )

2.【判断题】在工程开工前,由项目经理组织编制施工项目管理实施规划,对施工项目管理从开工到交工验收进行全面的指导性规划。   (   )

3.【判断题】项目经理部是工程的主管部门,主要负责工程项目在保修期间问题的处理,包括因质量问题造成的返(维)修、工程剩余价款的结算以及回收等。   (   )

4.【判断题】在现代施工企业的项目管理中,施工项目经理是施工项目的最高责任人和组织者,是决定施工项目盈亏的关键性角色。   (   )

5.【判断题】施工现场包括红线以内占用的建筑用地和施工用地以及临时施工用地。
                                                (   )

6.【单选题】下列选项中关于施工项目管理的特点说法错误的是(   )。

A. 对象是施工项目   B. 主体是建设单位

C. 内容是按阶段变化的   D. 要求强化组织协调工作

7.【单选题】下列选项中,不属于施工项目管理组织的主要形式的是(   )。

A. 直线式   B. 线性结构式

C. 矩阵式   D. 事业部式

8.【单选题】下列关于施工项目管理组织的形式的说法中,错误的是(   )。

A. 线性组织适用于大型项目,工期要求紧,要求多工种、多部门配合的项目

B. 事业部式适用于大型经营型企业的工程承包

C. 部门控制式项目组织一般适用于专业性强的大中型项目

D. 矩阵项目组织适用于同时承担多个需要进行项目管理工程的企业

9.【单选题】下列选项不属于项目经理部性质的是(   )。

A. 法律强制性   B. 相对独立性

C. 综合性   D. 临时性

10.【单选题】下列选项中,不属于建立施工项目经理部的基本原则的是(   )。

A. 根据所设计的项目组织形式设置

B. 适应现场施工的需要

C. 满足建设单位关于施工项目目标控制的要求

D. 根据施工工程任务需要调整

11. 【单选题】不属于施工项目经理部综合性主要表现的是( )。

A. 随项目开工而成立，随着项目竣工而解体

B. 管理职能是综合的

C. 管理施工项目的各种经济活动

D. 管理业务是综合的

12. 【单选题】项目部设置的最基本的岗位不包括( )。

A. 统计员　　　　　　　　　　　　B. 施工员

C. 安全员　　　　　　　　　　　　D. 质量员

13. 【多选题】施工项目管理周期包括( )竣工验收、保修等。

A. 建设设想　　　　　　　　　　　B. 工程投标

C. 签订施工合同　　　　　　　　　D. 施工准备

E. 施工

14. 【多选题】下列各项中，不属于施工项目管理的内容的是( )。

A. 建立施工项目管理组织　　　　　B. 编制《施工项目管理目标责任书》

C. 施工项目的生产要素管理　　　　D. 施工项目的施工情况的评估

E. 施工项目的信息管理

15. 【多选题】下列各部门中，项目经理部不需设置的是( )。

A. 经营核算部门　　　　　　　　　B. 物资设备供应部门

C. 设备检查检测部门　　　　　　　D. 测试计量部门

E. 企业工程管理部门

【答案】1. √；2. √；3. ×；4. √；5. ×；6. B；7. B；8. C；9. A；10. C；11. A；
12. A；13. BCDE；14. BD；15. CE

第二节　施工项目目标控制

考点 40：施工项目目标控制★●

教材点睛　教材 P91～P98

1. 施工项目目标控制主要包括：施工项目进度控制、质量控制、成本控制、安全控制四个方面。

2. 施工项目目标控制的任务

(1) 施工项目进度控制的任务：编制最优的施工进度计划；检查施工实际进度情况，对比计划进度，动态控制施工进程；出现偏差，分析原因和评估影响度，制定调整措施。

(2) 施工项目质量控制的任务：准备阶段编制施工技术文件，制定质量管理计划和质量控制措施，进行施工技术交底；施工阶段对实施情况进行监督、检查和测量，找出存在的质量问题，分析质量问题的成因，采取补救措施。

(3) 施工项目成本控制的任务：开工前预测目标成本，编制成本计划；项目实施过程中，收集实际数据，进行成本核算；对实际成本和计划成本进行比较，如果发生偏差，应及时进行分析，查明原因，并及时采取有效措施，不断降低成本。将各项生产费用控制在原来所规定的标准和预算之内，以保证实现规定的成本目标。

(4) 施工项目安全控制的任务（包括职业健康、安全生产和环境管理两个部分）

1) 职业健康管理的主要任务：制定并落实职业病、传染病的预防措施；为员工配备必要的劳动保护用品，按要求购买保险；组织员工进行健康体检，建立员工健康档案等。

2) 安全生产管理的主要任务：制定安全管理制度、编制安全管理计划和安全事故应急预案；识别现场的危险源，采取措施预防安全事故；进行安全教育培训、安全检查，提高员工的安全意识和素质。

3) 环境管理的主要任务：规范现场的场容环境，保持作业环境的整洁卫生；预防环境污染事件，减少施工对周围居民和环境的影响等。

3. 施工项目目标控制的措施

(1) 施工项目进度控制的措施：组织措施、技术措施、合同措施、经济措施和信息管理措施等。

(2) 施工项目质量控制的措施：提高管理、施工及操作人员素质；建立完善的质量保证体系；加强原材料质量控制；提高施工的质量管理水平；确保施工工序的质量；加强施工项目的过程控制（三检制）。

(3) 施工项目安全控制的措施：安全制度措施、安全组织措施、安全技术措施【详见表 5-1、表 5-2，P95~P96】

(4) 施工项目成本控制的措施：组织措施、技术措施、经济措施、合同措施。

巩固练习

1.【判断题】项目质量控制贯穿于项目施工的全过程。　　　　　　　　　　　　　(　　)

2.【判断题】安全管理的对象是生产中一切人、物、环境、管理状态，安全管理是一种动态管理。　　　　　　　　　　　　　　　　　　　　　　　　　　　　　　　(　　)

3.【单选题】施工项目的劳动组织不包括下列的(　　)。

A. 劳务输入　　　　　　　　　　　　B. 劳动力组织

C. 劳务队伍的管理　　　　　　　　　D. 劳务输出

4.【单选题】施工项目目标控制包括：施工项目进度控制、施工项目质量控制、(　　)、施工项目安全控制四个方面。

A. 施工项目管理控制　　　　　　　　B. 施工项目成本控制

C. 施工项目人力控制　　　　　　　　D. 施工项目物资控制

5.【单选题】下列各项措施中，不属于施工项目质量控制的措施的是(　　)。

A. 提高管理、施工及操作人员自身素质

B. 提高施工的质量管理水平

C. 尽可能采用先进的施工技术、方法和新材料、新工艺、新技术，保证进度目标实现

D. 加强施工项目的过程控制

6.【单选题】施工项目过程控制中，加强专项检查，包括自检、（   ）、互检。

A. 专检   B. 全检

C. 交接检   D. 质检

7.【单选题】下列措施中，不属于施工项目安全控制的措施的是（   ）。

A. 组织措施   B. 技术措施

C. 管理措施   D. 制度措施

8.【单选题】下列措施中，不属于施工准备阶段的安全技术措施的是（   ）。

A. 技术准备   B. 物资准备

C. 资金准备   D. 施工队伍准备

9.【多选题】下列关于施工项目目标控制的措施说法错误的是（   ）。

A. 建立完善的工程统计管理体系和统计制度属于信息管理措施

B. 主要有组织措施、技术措施、合同措施、经济措施和管理措施

C. 落实施工方案，在发生问题时，能适时调整工作之间的逻辑关系，加快实施进度属于技术措施

D. 签订并实施关于工期和进度的经济承包责任制属于合同措施

E. 落实各层次进度控制的人员及其具体任务和工作责任属于组织措施

【答案】1. ×；2. √；3. D；4. B；5. C；6. A；7. C；8. C；9. BD

第三节　施工资源与现场管理

考点 41：施工资源与现场管理 ★●

教材点睛   教材 P98~P100

1. 施工项目资源管理

（1）施工项目资源管理的内容：劳动力、材料、机械设备、技术和资金等。

（2）施工资源管理的任务：确定资源类型及数量；确定资源的分配计划；编制资源进度计划；施工资源进度计划的执行和动态调整。

2. 施工现场管理

（1）施工现场管理的任务

1）全面完成生产计划规定的任务，含产量、产值、质量、工期、资金、成本、利润和安全等。

2）按施工规律组织生产，优化生产要素的配置，实现高效率和高效益。

3）搞好劳动组织和班组建设，不断提高施工现场人员的思想和技术素质。

4）加强定额管理，降低物料和能源的消耗，减少生产储备和资金占用，不断降低生产成本。

5）优化专业管理，建立完善管理体系，有效地控制施工现场的投入和产出。

6）加强施工现场的标准化管理，使人流、物流高效有序。

7）治理施工现场环境，改变"脏、乱、差"的状况，注意保护施工环境，做到施工不扰民。

（2）施工项目现场管理的内容：规划及报批施工用地；设计施工现场平面图；建立施工现场管理组织；建立文明施工现场；及时清场转移。

巩固练习

1.【判断题】施工项目的生产要素主要包括劳动力、材料、技术和资金。 （ ）

2.【判断题】建筑辅助材料指在施工中被直接加工，构成工程实体的各种材料。
（ ）

3.【单选题】以下不属于施工资源管理任务的是（ ）。

A. 确定资源类型及数量

B. 设计施工现场平面图

C. 编制资源进度计划

D. 施工资源进度计划的执行和动态调整

4.【单选题】以下不属于施工项目现场管理内容的是（ ）。

A. 规划及报批施工用地 B. 设计施工现场平面图

C. 建立施工现场管理组织 D. 为项目经理决策提供信息依据

5.【单选题】资金管理主要环节不包括（ ）。

A. 资金回笼 B. 编制资金计划

C. 资金使用 D. 筹集资金

6.【单选题】属于确定资源分配计划的工作是（ ）

A. 确定项目所需的管理人员和工种 B. 编制物资需求分配计划

C. 确定项目施工所需的各种物资资源 D. 确定项目所需资金的数量

7.【多选题】以下属于施工项目资源管理的内容的是（ ）。

A. 劳动力 B. 材料

C. 技术 D. 机械设备

E. 施工现场

8.【多选题】以下各项中不属于施工资源管理的任务的是（ ）。

A. 规划及报批施工用地 B. 确定资源类型及数量

C. 确定资源的分配计划 D. 建立施工现场管理组织

E. 施工资源进度计划的执行和动态调整

9.【多选题】以下各项中属于施工现场管理的内容的是（ ）。

A. 落实资源进度计划

B. 设计施工现场平面图

C. 建立文明施工现场

D. 施工资源进度计划的动态调整

E. 及时清场转移

【答案】1. ×；2. ×；3. B；4. D；5. A；6. B；7. ABCD；8. AD；9. BCE

第六章　劳动保护的相关规定

第一节　劳动保护内容的相关规定

考点 42：工作时间、休息时间、休假制度的规定★●

<u>教材点睛</u> 教材 P101～P104

　　法律依据：《国务院关于修改〈国务院关于职工工作时间的规定〉的决定》《中华人民共和国劳动法》（以下简称《劳动法》）、《全国年节及纪念日放假办法》（2007 年 12 月 14 日修订）、《国务院关于职工探亲待遇的规定》（1981 年修订）

　　1. 工作时间的规定

　　（1）工作时间：劳动者每天应工作的时间或每周应工作的天数。工作时间为法律范畴。

　　工作时间＝劳动者实际工作时间 ＋ 劳动者某些非实际工作时间

　　（2）依照法律规定，凡是劳动者在工作的时间内的，用人单位必须按规定支付劳动者的劳动报酬。

　　（3）工作时间的类型包括：标准工作日、缩短工作日、不定时工作日、综合计算工作□、计件工作时间。

　　（4）关于延长工作时间的规定【P102～P103】

　　2. 休息时间、休假的规定

　　（1）休息休假是指劳动者在国家规定的法定工作时间外自行支配的时间，包括劳动者每天休息的时数、每周休息的天数、节假日、年休假、探亲假等。

　　（2）休息时间分为：工作日内间歇时间（工作 12 小时，休息时间不少于 2 小时）；两个工作日间的休息制度（我国实行 8 小时工作制）。

　　（3）休假分为：公休假日（我国实行 5 天工作制，公休假日为每周 2 天）；法定假日（元旦、春节、国际劳动节等，工资不低于平时工资的 300％）；年休假（职工连续工作 1 年以上可享有年假）；探亲假等。

巩固练习

1.【判断题】劳动者标准工作日的工作时间是每天工作 8h，每周工作 48h。　（　　　）

2.【判断题】夜班工作时间是指从本日的 22 时到次日的 7 时从事工作或劳动时间。
（　　　）

3.【单选题】煤矿井下作业实行（　　　）工作制。

A. 三班 8h　　　　　　　　　　　　　B. 四班 6h

C. 二班 12h   D. 标准工作日

4.【单选题】实行三班制的企业，从事夜班工作的劳动者，其日工作时间比标准工作日缩短（   ）h。

A. 1   B. 2

C. 0.5   D. 1.5

5.【单选题】休息日安排劳动者工作又不能安排补休的，支付不低于工资（   ）的工资报酬。

A. 100%   B. 150%   C. 200%   D. 300%

6.【单选题】用人单位在（   ）期间可以不安排劳动者休假。

A. 元旦   B. 春节   C. 劳动节   D. 元宵节

7.【单选题】下列选项中，说法错误的是（   ）。

A. 安排劳动者延长工作时间的，支付不低于工资的150%的工资报酬

B. 法定休假日安排劳动者工作的，支付不低于工资的300%的工资报酬

C. 休息日安排劳动者工作又不能安排补休的，支付不低于工资的200%的工资报酬

D. 休息日安排劳动者工作又不能安排补休的，支付不低于工资的150%的工资报酬

8.【单选题】缩短工作日不适用于（   ）工作。

A. 有毒有害   B. 矿山

C. 高山   D. 突击性

9.【多选题】下列选项中，说法正确的是（   ）。

A. 安排劳动者延长工作时间的，支付不低于工资的200%的工资报酬

B. 安排劳动者延长工作时间的，支付不低于工资的150%的工资报酬

C. 休息日安排劳动者工作又不能安排补休的，支付不低于工资的200%的工资报酬

D. 休息日安排劳动者工作又不能安排补休的，支付不低于工资的150%的工资报酬

E. 法定休假日安排劳动者工作的，支付不低于工资的300%的工资报酬

【答案】1.×；2.×；3.B；4.A；5.C；6.D；7.D；8.D；9.BCE

考点43：劳动安全与卫生★●

教材点睛 教材 P104~P109

1. 劳动安全管理制度包括：

（1）劳动安全管理制度：是法律所规定或确认的国家和用人单位为保护劳动者在劳动过程中的安全而采取的各项管理制度的统称。

（2）劳动安全管理制度包括：安全生产责任制度（《安全生产法》第四条规定）；安全生产审批、验收制度（《安全生产法》第六十三条和第六十四条规定）；安全生产检查制度；安全生产举报、报告制度（《安全生产法》第七十三条~七十六条规定）；生产安全事故应急救援制度（《安全生产法》第八十条~八十五条规定）；生产安全事故调查处理制度（《安全生产法》第八十六条~九十条规定）。

2. 劳动卫生规程

(1) 劳动卫生规定：指国家为了保护职工在生产和工作过程中的健康，防止、消除职业病和各种职业危害而制定的各种法律规范。

(2)《尘肺病防治条例》主要内容：防止粉尘危害、防止有毒物质危害、防噪声和强光危害、防止电磁辐射危害、防暑降温、防冻取暖和防潮湿、通风和照明、卫生保健等。

3. 女职工、未成年工的劳动保护

(1) 女职工的劳动保护：《劳动法》对女职工的劳动保护内容具体规定了女职工禁忌劳动的范围、女职工经期、孕期、产期、哺乳期的保护。

1) 合理安排女职工的工种和工作：《劳动法》第五十九条及 1990 年劳动部发布的《女职工禁忌劳动范围的规定》第 3 条等做出了明确规定。

2) 对女职工实行"四期"保护：经期保护（《劳动法》第六十条规定）、孕期保护（《劳动法》第六十一条规定）、产期保护（《劳动法》第六十二条规定）、哺乳期保护（《女职工禁忌劳动范围的规定》）。

(2) 未成年工的劳动保护

1)《劳动法》根据未成年工的特殊身体条件，对未成年工规定了特别的保护程序，具体规定了未成年工禁忌劳动的范围以及未成年工健康检查等内容。

2) 未成年工禁忌从事的劳动：《劳动法》第六十四条、《未成年工特殊保护规定》等做出了明确规定。

3) 未成年工定期健康检查：《劳动法》第六十五条及附表《未成年工健康检查表》等做出了明确规定。

4) 未成年工的使用和特殊保护实行登记制度：《未成年工登记证》由国务院劳动行政部门统一印制。

巩固练习

1.【判断题】我国将最低就业年龄定为 18 周岁。   (   )

2.【判断题】女职工生育享受不少于九十天的产假。   (   )

3.【判断题】劳动安全管理制度包括安全生产责任制度；安全生产审批、验收制度；安全生产检查制度；安全生产举报、报告制度；生产安全事故应急救援制度；生产安全事故调查处理制度。   (   )

4.【单选题】室内工作地点温度高于(   )，应当采取降温措施；低于(   )，应当设置取暖设备。

A. 30℃；5℃   B. 32℃；10℃

C. 35℃；15℃   D. 40℃；0℃

5.【单选题】(   )应当组织有关部门制定甲县行政区域内特大生产安全事故应急救援预案，建立应急救援体系。

A. 甲县劳动局　　　　　　　　　　B. 甲县安监局

C. 甲县人民政府　　　　　　　　　D. 甲县公安局

6.【单选题】根据劳动法规定，禁止招用不满16周岁未成年人的用人单位是（　　）。

A. 某大型歌舞团　　　　　　　　　B. 北京某小型杂技团

C. 某劳动强度较低的企业　　　　　D. 国家体操队

7.【单选题】下列关于对女职工在哺乳期的保护说法错误的是（　　）。

A. 不得安排其延长工作时间

B. 每月从事夜班工作不得超过三次

C. 用人单位在每班劳动时间内给予其两次哺乳时间

D. 哺乳时间算作劳动时间

8.【多选题】劳动卫生规程的主要内容包括（　　）。

A. 防止粉尘危害　　　　　　　　　B. 防止有毒物质危害

C. 防噪声和强光危害　　　　　　　D. 防止电磁辐射危害

E. 防暑降温、防冻取暖和防潮湿

9.【多选题】假设甲已经怀孕8个月，下列说法正确的是（　　）。

A. 单位应当对甲定期进行健康检查　　　B. 单位不得对甲延长工作时间

C. 单位不得要求甲进行夜班劳动　　　　D. 甲生育应享受不少于90天的产假

E. 单位应对甲多支付一倍工资

【答案】1.×；2.√；3.√；4.B；5.C；6.C；7.B；8.ABCDE；9.BCD

第二节　劳动保护措施及费用的相关规定

考点44：不同作业环境下劳动保护措施的规定★

教材点睛 教材 P109～P112

法规依据：《职业病防治法》《安全生产法》《建设工程安全生产管理条例》。

1. 防治职业病环境下的劳动保护措施

（1）用人单位必须采用有效的职业病防护设施，并为劳动者提供个人使用的职业病防护用品。

（2）用人单位应当优先采用有利于防治职业病和保护劳动者健康的新技术、新工艺、新设备、新材料。

（3）用人单位如果存在产生职业病的危害源，应当在醒目位置设置公告栏，公布有关职业病防治的规章制度、操作规程、职业病危害事故应急救援措施和工作场所职业病危害因素检测结果。

（4）对可能发生急性职业损伤的有毒、有害工作场所，用人单位应当设置报警装置，配置现场急救用品、冲洗设备、应急撤离通道和必要的泄险区。

(5) 用人单位应当实施由专人负责的职业病危害因素日常监测,并确保监测系统处于正常运行状态。

2. 安全生产环境下的劳动保护措施

(1) 生产经营单位应对从业人员进行安全生产教育和培训;采用新工艺、新技术、新材料或者使用新设备,应并对从业人员进行专门的安全生产教育和培训。

(2) 新建、改建、扩建工程的安全设施,必须与主体工程同时设计、同时施工、同时投入生产和使用。

(3) 矿山、冶金、城市轨道交通建设项目和用于生产、储存危险物品的建设项目,以及其他国家和省级重点建设项目,应当分别按照国家有关规定进行安全条件论证和安全评价。

(4) 生产经营单位应在有较大危险因素的生产经营场所和有关设施、设备上,设置安全警示标志。

(5) 生产经营场所和员工宿舍应当设有标志明显、保持畅通的紧急疏散通道及出口。禁止占用、封闭、封堵员工宿舍的出口及疏散通道。

(6) 生产经营单位进行爆破、吊装、动火、临时用电以及其他危险作业时,应当安排专门人员进行现场监督,确保操作规程的遵守和安全措施的落实。

(7) 生产经营单位必须为从业人员提供符合国家标准或者行业标准的劳动防护用品,并监督、教育从业人员按照使用规则佩戴、使用。

(8) 从业人员有权了解作业场所和工作岗位存在的危险因素、防范措施及事故应急措施,有权对本单位安全生产工作中存在的问题提出批评、检举、控告;有权拒绝违章指挥和强令冒险作业。发现直接危及人身安全的紧急情况时,有权停止作业或者在采取可能的应急措施后撤离作业场所。

3. 工程施工环境下的劳动保护措施

(1) 施工单位的施工组织设计中应编制安全技术措施和施工现场临时用电方案。

(2) 对达到一定规模的危险性较大的分部分项工程应编制专项施工方案,并附具安全验算结果,经施工单位技术负责人、总监理工程师签字后实施,由专职安全生产管理人员进行现场监督。

(3) 建设工程施工前,施工单位负责项目管理的技术人员应当对有关安全施工的技术要求向施工作业班组、作业人员作出详细说明,并在施工危险部位,设置明显的安全警示标志。

(4) 施工单位应根据不同施工阶段和周围环境及季节、气候的变化,在施工现场采取相应的安全施工措施,施工单位应当做好现场防护措施,所需费用由责任方承担,或者按照合同约定执行。

(5) 施工单位应当将现场的办公、生活区与作业区分开设置,并保持安全距离;职工的膳食、饮水、休息场所等应当符合卫生标准。施工单位不得在尚未竣工的建筑物内设置员工集体宿舍。

教材点睛 教材 P109～P112(续)

（6）施工现场应采取措施防止或者减少粉尘、废气、废水、固体废物、噪声、振动和施工照明对人和环境的危害和污染。

（7）应制定用火、用电、使用易燃易爆材料等各项消防安全管理制度和操作规程，设置消防通道、消防水源，配备消防设施和灭火器材，并在施工现场入口处设置明显标志。

（8）施工单位应当向作业人员提供安全防护用具和安全防护服装，并书面告知危险岗位的操作规程和违章操作的危害。

巩固练习

1.【判断题】用人单位必须采用有效的职业病防护设施，并为劳动者提供个人使用的职业病防护用品。　　　　　　　　　　　　　　　　　　　　　　（　　）

2.【判断题】施工单位不得在尚未竣工的建筑物内设置员工集体宿舍。　（　　）

3.【单选题】下列关于职业病环境下的劳动保护措施，说法错误的是（　　）。

A. 用人单位应为劳动者提供个人使用的职业病防护用品

B. 用人单位应当在控制生产成本的前提下，优先采用有利于防治职业病和保护劳动者健康的新技术

C. 用人单位对产生严重职业病危害的作业岗位，应当在其醒目位置设置标识和中文警示说明

D. 用人单位应安排专人对职业病危害因素进行日常监测

4.【单选题】矿山、冶金、城市轨道交通建设项目和用于生产、储存危险物品的建设项目，以及其他国家和省级重点建设项目，应当分别按照国家有关规定进行（　　）。

A. 环境治理　　　　　　　　　　B. 安全条件论证和安全评价

C. 绿化环境　　　　　　　　　　D. 节能验收

5.【单选题】生产经营单位应在有（　　）的生产经营场所和有关设施、设备上，设置安全警示标志。

A. 安全环保　　　　　　　　　　B. 待拆除

C. 待新建　　　　　　　　　　　D. 较大危险因素

6.【单选题】对达到一定规模的危险性较大的分部分项工程应编制专项施工方案，并附具（　　）。

A. 安全验算结果　　　　　　　　B. 资金投入表

C. 工期计算结果　　　　　　　　D. 质量验收记录

7.【多选题】《劳动法》规定，新建、改建、扩建工程的劳动安全卫生设施必须与主体工程（　　）。

A. 同时施工　　　　　　　　　　B. 同时审批

C. 同时设计　　　　　　　　　　D. 同时投产

E. 同时使用

8.【多选题】根据《建设工程安全生产管理条例》的要求，施工单位必须要强化劳动保护措施的是（　　）。

A. 土木工程
B. 高山绿化工程
C. 装修工程
D. 建筑工程
E. 设备安装工程

9.【多选题】下列关于职业病环境下的劳动保护措施，说法正确的是（　　）。

A. 用人单位对可能发生急性职业损伤的有毒、有害工作场所，应当设置报警装置
B. 用人单位应为劳动者提供个人使用的职业病防护用品
C. 用人单位应当在控制生产成本的前提下，优先采用有利于防治职业病和保护劳动者健康的新技术
D. 用人单位对产生严重职业病危害的作业岗位，应当在其醒目位置设置标识和中文警示说明
E. 用人单位应安排专人对职业病危害因素进行日常监测

【答案】1.√；2.√；3. B；4. B；5. D；6. A；7. ACDE；8. ACDE；9. ABDE

考点45：劳动保护费用及劳动防护用品的规定★●

教材点睛　教材 P112~P113

1. 劳动保护费用

（1）基本费用包括：保障安全生产要求，用于隐患排查的治理费；配备劳动防护用品，的费用；安全生产教育培训及应急演练等费用，在生产成本中据实列支。

（2）其他规定：纳税人实际发生的合理的劳动保护支出，可以扣除。

2. 劳动防护用品的规定

（1）劳动防护用品分为特种劳动防护用品和一般劳动防护用品。特种劳动防护用品目录由国家安全生产监督管理总局确定并公布；未列入目录的劳动防护用品为一般劳动防护用品。

（2）劳动防护用品的配备和使用

1）劳动防护用品配备标准：《个体防护装备配备规范　第 1 部分：总则》GB 39800.1—2020 和国家颁发的劳动防护用品配备标准。

2）劳保用品的经费管理：生产经营单位应安排用于配备劳动防护用品的专项经费。不得以货币或者其他物品替代应当按规定配备的劳动防护用品。

3）生产经营单位必须为从业人员提供符合国家标准或者行业标准的劳动防护用品，不得超过使用期限。并应督促、教育从业人员正确佩戴和使用劳动防护用品。

4）生产经营单位应建立健全劳动防护用品的采购、验收、保管、发放、使用、报废等管理制度。

5）从业人员在作业过程中，必须正确佩戴和使用劳动防护用品。

3. 劳动防护用品的监督管理

（1）安全生产监督管理部门、煤矿安全监察机构依法对劳动防护用品使用情况和特

种劳动防护用品安全标志进行监督检查，督促生产经营单位按照国家有关规定为从业人员配备符合国家标准或者行业标准的劳动防护用品。

（2）安全生产监督管理部门、煤矿安全监察机构有权对生产经营单位的违法行为进行查处。

（3）从业人员有权依法向本单位提出配备所需劳动防护用品的要求；有权对本单位劳动防护用品管理的违法行为提出批评、检举、控告。

巩固练习

1.【判断题】生产经营单位按照保障安全生产要求，用于排查治理，配备劳动防护用品，进行安全生产教育培训和应急演练等费用可以不作为生产成本。（　　）

2.【判断题】劳动保护宣传费用属于广义的劳动保护费支出。（　　）

3.【判断题】劳动防护用品分为特种劳动防护用品和一般劳动防护用品，其目录由国家安全生产监督管理总局分别确定并公布。（　　）

4.【判断题】生产经营单位可以不以货币补偿的形式替代配备的劳动防护用品。
（　　）

5.【判断题】生产经营单位可以采购和使用无安全标志的特种劳动防护用品，只要其质量符合要求。（　　）

6.【判断题】从业人员有权依法向本单位提出配备所需劳动防护用品的要求。（　　）

7.【单选题】下列属于劳动保护费用支出的是（　　）。

A. 企业购置新设备

B. 企业引进一条高科技生产线

C. 企业为职工购买端午节礼品

D. 企业在高温天气为职工免费提供清凉饮料

8.【单选题】下列关于劳动保护用品规定的描述不正确的是（　　）。

A. 特种劳动防护用品的目录由国家安全生产监督管理总局确定并公布

B. 生产经营单位应当安排用于配备劳动防护用品的专项经费

C. 生产经营单位应当督促、教育从业人员正确佩戴和使用劳动防护用品

D. 未按规定佩戴和使用劳动防护用品时，必须保证上岗作业的安全

9.【多选题】判断劳动费是否能够税前扣除的关键是（　　）。

A. 劳动保护费是物品而不是现金

B. 劳动保护用品因工作需要而配，不是生活用品

C. 从数量上看，能够满足工作需要即可

D. 从效果上看，职工是否满意

E. 发放时间是否及时

【答案】1.×；2.√；3.×；4.×；5.×；6√；7.D；8.D；9.ABC

第三节 劳动争议与法律责任

考点 46：劳动争议与法律责任★●

<u>教材点睛</u> 教材 P113～P117

1. 劳动争议的类型

（1）按照劳动争议当事人人数多少的不同，可分为个人劳动争议和集体劳动争议。

（2）按照劳动争议的内容，分为：因确认劳动关系发生的争议；因订立、履行、变更、解除和终止劳动合同发生的争议；因除名、辞退和辞职、离职发生的争议；因工作时间、休息休假、社会保险、福利、培训以及劳动保护发生的争议；因劳动报酬、工伤医疗费、经济补偿或者赔偿金等发生的争议；法律、法规规定的其他劳动争议。上述劳动争议属于《中华人民共和国劳动争议调解仲裁法》的适用范围。

（3）按照当事人国籍的不同，分为国内劳动争议与涉外劳动争议。

2. 劳动争议的解决方式：协商、调解、仲裁、提起诉讼。

3. 用人单位的法律责任

（1）制定的劳动规章违反劳动法律、法规规定：由劳动行政部门给予警告，并责令限期改正，逾期不改的，应给予通报批评；对劳动者造成损害的，应当承担赔偿责任。

（2）违反工作时间、休息和休假法规：由劳动行政部门给予警告，责令改正，并处以罚款。

（3）侵害有关工资报酬合法权益：由劳动行政部门责令支付劳动者的工资报酬、经济补偿，并可以责令支付赔偿金。

（4）非法招用童工：由劳动行政部门责令改正，处以罚款；情节严重的，由市场监督管理部门吊销营业执照。

（5）违反对女职工及未成年工特殊保护规定：由劳动行政部门责令改正，处以罚款；对女职工或者未成年工造成损害的，应当承担赔偿责任。

（6）违反劳动合同：《劳动法》《劳动合同法》分别作了明确规定主要有行政处罚、行政处分、经济赔偿和刑事责任。

（7）违反社会保险法规：由劳动行政部门责令其限期缴纳；逾期不缴的，可以加收滞纳金。

（8）无理阻挠行政监督：用人单位无理阻挠劳动行政部门及其劳动监察人员行使监督检查权，或者打击报复举报人员的，处以一万元以下罚款。

<u>巩固练习</u>

1.【判断题】调解是劳动争议的必经程序。　　　　　　　　　　　　　　（　　）

2.【判断题】仲裁是劳动争议案件处理必经的法律程序。　　　　　　　　（　　）

3.【判断题】劳动争议申请仲裁的时效期为 2 年。　　　　　　　　　　　（　　）

4.【判断题】用人单位无理阻挠劳动行政部门及其劳动监察人员行使监督检查权，或者打击报复举报人员的，处以一万元以上罚款。   （   ）

5.【单选题】劳动者对下列费用申请支付令，人民法院可以不发出支付令的是（   ）。

    A. 劳动报酬   B. 工伤医疗费

    C. 经济补偿金   D. 上下班交通费

6.【单选题】甲在 A 县某企业工作，后与企业因劳动报酬发生纠纷，甲与企业均不愿调解，甲可以向（   ）申请仲裁。

    A. 甲县劳动局   B. 甲县仲裁委

    C. 甲县劳动争议仲裁委员会   D. 甲县司法局

7.【单选题】甲与 A 企业于 2010 年 3 月 1 日建立劳动关系，从 2010 年 8 月 1 日起，A 企业在甲不知情的情况下停止为其交纳社保费用。甲在 2010 年 10 月 1 日才得知该事，并于 2010 年 10 月 8 日向 A 企业进行交涉，后双方协商调解不成，甲向劳动仲裁委员会申请仲裁的时效截止日期为（   ）。

    A. 2011 年 3 月 1 日   B. 2011 年 8 月 1 日

    C. 2011 年 10 月 1 日   D. 2011 年 10 月 8 日

8.【单选题】下列不属于仲裁时效中断的法定情形是（   ）。

    A. 当事人一方向对方当事人主张权利   B. 当事人向有关部门请求权利救济

    C. 一方当事人下落不明   D. 对方当事人同意履行义务

9.【单选题】下列不属于用人单位违反对女职工及未成年保护规定的法律责任是（   ）。

    A. 责令改正   B. 罚款

    C. 经济赔偿   D. 吊销营业执照

10.【单选题】下列不属于劳动争议解决的必经程序的是（   ）。

    A. 协商   B. 调解

    C. 仲裁   D. 诉讼

11.【多选题】劳动争议案件的案件管辖法院有（   ）。

    A. 职工住所地   B. 用人单位所在地

    C. 劳动合同履行地   D. 仲裁委所在地

    E. 被告所在地

12.【多选题】劳动争议的解决方式有（   ）。

    A. 协商   B. 调解

    C. 仲裁   D. 诉讼

    E. 投诉

13.【多选题】当事人提出证据证明仲裁有下列（   ）情形的，可以向仲裁委员会所在地的中级人民法院申请撤销裁决。

    A. 没有仲裁协议的

    B. 裁决的事项不属于仲裁协议的范围

    C. 仲裁庭的组成或者仲裁的程序违反法定程序的

D. 仲裁裁决所依据的证据是伪造的

E. 当事人不同意仲裁结果的

14.【多选题】劳动争议案件对仲裁结果不服的，可以起诉，起诉必须满足的要求有（　　）。

A. 原告是与本案有直接利害关系的直系亲属

B. 原告是与本案有直接利害关系的法人

C. 有明确的被告

D. 有具体的诉讼请求和具体的事实、理由

E. 属于人民法院受理民事诉讼的范围和受诉人民法院管辖

15.【多选题】甲与有关单位发生争议，甲想利用法律手段保护自己的权利，下列说法正确的是（　　）。

A. 甲与地方劳动保障行政部门的工伤认定机关因工伤认定结论而发生的争议，不属于劳动争议

B. 甲与单位就工资支付问题发生争议，甲可以直接向人民法院提起诉讼

C. 甲与单位发生的劳动争议，必须先经劳动争议调解委员会调解

D. 甲与单位发生的劳动争议，必须先经仲裁，对裁决不服的，可以向法院提起诉讼

E. 甲与单位发生劳动争议，可以先行与用人单位进行协商

【答案】1. ×；2. √；3. ×；4. ×；5. D；6. C；7. C；8. C；9. D；10. B；11. BC；12. ABCD；13. ABCD；14. BCDE；15. ADE

第七章　流动人口管理的相关规定

第一节　流动人口的合法权益

考点 47：流动人口的合法权益★●

教材点睛 教材 P118～P122

　　法规依据：《中央社会治安综合治理委员会关于进一步加强流动人口服务和管理工作的意见》（厅字〔2007〕11号）（本节中简称《意见》）、《工伤保险条例》《关于农民工参加工伤保险有关问题的通知》（劳社部发〔2004〕18号）、《国务院关于解决农民工问题的若干意见》（国发〔2006〕5号）、《北京市外地农民工参加工伤保险暂行办法》《农民合同制职工参加北京市养老、失业保险暂行办法》（京劳险发〔1999〕99号）、《社会保险费征缴暂行条例》（国务院令第259号）、《北京市农民工养老保险暂行办法》。

　　1. 流动人口享有的权益

　　① 享有就业、生活和居住的城镇公共服务的权益。

　　② 享有在流入地就业的权益。

　　③ 享有子女平等接受义务教育权益。

　　④ 享有改善居住条件的权益。

　　⑤ 享有医疗保障的权益。

　　⑥ 享有计划生育服务的权益。

　　⑦ 享有就业服务和培训的权益。

　　⑧ 享有社会保障的权益。

　　⑨ 享有参与政治活动的权益。

　　2. 流动人口权益的保障

　　（1）我国社会保障体系框架：包括社会救助、社会保险、社会福利、优抚安置以及住房保障等。

　　（2）流动人口与城市户籍人口一样，享受公平的社会保障待遇，包括工伤、医疗、失业、养老保险等。

巩固练习

　　1.【判断题】中国流动人口管理模式逐步由控制型向服务型转变。　　　　　（　　）

　　2.【判断题】在流入地，流动人口享有子女平等接受高等教育的权利。　　（　　）

　　3.【判断题】农民合同制工人应该参加失业保险，用工单位按照规定为农民工缴纳社会保险费，农民合同制工人本人不缴纳失业保险费。　　　　　　　　　　　（　　）

　　4.【判断题】农民工的养老保险费由用人单位缴纳。　　　　　　　　　　（　　）

　　5.【单选题】以下不属于中央社会治安综合治理委员会《意见》体现的流动人口的主要权益有（　　）。

　　A. 子女平等接受义务教育　　　　　　　　B. 子女平等接受高等教育

C. 社会保障　　　　　　　　　　　　D. 参与政治活动

6.【单选题】我国已经初步形成了包括（　　）、社会救助、社会福利、优抚安置及住房保障等多层次的社会保障体系框架。

A. 工伤保险　　　　　　　　　　　　B. 失业保险

C. 社会保险　　　　　　　　　　　　D. 医疗保险

7.【单选题】《失业保险条例》规定，城镇企业事业单位按照单位工资总额的（　　）为农民合同制工人缴纳失业保险费。

A. 1％　　　　　　　　　　　　　　　B. 2％

C. 3％　　　　　　　　　　　　　　　D. 5％

8.【单选题】《北京市实施〈工伤保险条例〉办法》规定外地注册的用人单位，应当在（　　）的区县劳动保障行政部门、劳动能力鉴定机构、社会保险经办机构，申请工伤认定、劳动能力鉴定、核定工伤待遇。

A. 注册地　　　　　　　　　　　　　B. 事故发生地

C. 职工户籍地　　　　　　　　　　　D. 生产经营地

9.【单选题】对跨省流动的农民工，（　　）级伤残的长期待遇的支付，可以实行一次性支付和长期支付两种方式。

A. 1～4　　　　　　　　　　　　　　B. 1～3

C. 1～5　　　　　　　　　　　　　　D. 1～2

10.【单选题】用人单位在注册地和生产经营地均未参加工伤保险的，农民工受到事故伤害或者患职业病后，在生产经营地进行工伤认定劳动能力认定的，按（　　）的规定依法由用人单位支付工伤保险待遇。

A. 用人单位注册地　　　　　　　　　B. 生产经营地

C. 农民工户籍所在地　　　　　　　　D. 农民工住所地

11.【单选题】（　　）长期待遇的，需由农民工本人提出申请，与用人单位解除或者终止劳动关系，与统筹地区社会保险经办机构签订协议。

A. 一次性享受工伤保险　　　　　　　B. 一次性享受医疗保险

C. 一次性享受失业保险　　　　　　　D. 一次性享受养老保险

12.【单选题】（　　）伤残农民工一次性享受工伤保险长期待遇的具体办法和标准由（　　）制定。

A. 1～4级，省（自治区、直辖市）劳动保障行政部门

B. 1～4级，省（自治区、直辖市）人民政府

C. 1～5级，省（自治区、直辖市）劳动保障行政部门

D. 1～5级，省（自治区、直辖市）人民政府

13.【多选题】以下属于中央社会治安综合治理委员会《意见》体现的流动人口的主要权益有（　　）。

A. 子女平等接受高等教育　　　　　　B. 子女平等接受义务教育

C. 社会保障　　　　　　　　　　　　D. 参与政治活动

E. 计划生育服务

14.【多选题】全面提升流动人口服务和管理工作的（　　）建设水平。

A. 规范化   B. 平等化

C. 法制化   D. 社会化

E. 信息化

15.【多选题】国家已经立法提出农民工强制工伤保险的要求，即规定用人单位必须以（　　　）承担对工伤职工的全部赔偿责任，并承担（　　　）保险费缴纳的义务。

A. 投商业保险的方式；80%

B. 投办保险或兼用投办保险的方式；全部

C. 直接支付的方式；全部

D. 投办保险或兼用投办保险的方式；80%

E. 直接支付的方式；80%

【答案】1. √；2. ×；3. √；4. ×；5. B；6. C；7. B；8. D；9. A；10. B；11. A；12. A；13. BCDE；14. ACDE；15. BC

第二节　流动人口的从业管理

考点 48：流动人口的从业管理★●

> 教材点睛 | 教材 P122～P124
>
> **1. 流动人口从事生产经营活动相关证件的办理**
>
> （1）外来经商者群体大都是个体经营者，具有有别于其他流动人口的社会特征、行为特征和社会管理特征。经商群体是有相对稳定的经商场所或摊位，有相对稳定的经营活动和经营收入，有相对稳定的居住地，基本能够依法纳税、照章缴费的个体商业贸易经营者。
>
> （2）2003 年十届全国人大常委会通过的《中华人民共和国行政许可法》，明确地方立法设定的行政许可，不得限制其他地区的个人或者企业到本地区从事生产经营和提供服务。
>
> （3）北京在 2005 年废止了 1995 年颁布了《北京市外地来京务工经商人员管理条例》。条例的废止取消了《外来人员就业证》《健康凭证》《房屋租赁许可证》等行政许可事项。但《暂住证》《婚育证》仍将继续保留，针对外来人员务工经商的管理服务费也不再收取。
>
> **2. 流动人口就业持证上岗的规定**
>
> （1）《就业促进法》《就业服务与就业管理规定》等法律法规对劳动者依法享有平等就业和自主择业的权利的保护和管理。
>
> （2）就业失业登记
>
> 1）从 2011 年 1 月 1 日起，实行全国统一样式的《就业失业登记证》。
>
> 2）《就业失业登记证》是记载劳动者就业与失业状况、享受相关就业扶持政策、接受公共就业人才服务等情况的基本载体，是劳动者按规定享受相关就业扶持政策的重要凭证。

3）《就业失业登记证》实行全国统一编号制度。其中的记载信息在全国范围内有效，劳动者可凭《就业失业登记证》跨地区享受国家统一规定的相关就业扶持政策。

4）登记失业人员凭《就业失业登记证》申请享受登记失业人员相关就业扶持政策；就业援助对象凭《就业失业登记证》及其"就业援助卡"中标注的内容申请享受相关就业援助政策；符合税收优惠政策条件的个体经营人员凭《就业失业登记证》申请享受个体经营税收优惠政策；符合条件的用人单位凭所招用人员的《就业失业登记证》申请享受企业吸纳税收优惠政策。

巩固练习

1.【判断题】《行政许可法》规定，地方立法设定的行政许可，可以限制其他地区的个人或企业到本地区从事生产经营和服务活动。　　　（　　）

2.【判断题】《就业失业登记证》实行全国统一编号制度。　　　（　　）

3.【单选题】《就业促进法》规定劳动者依法享有（　　）的权利的保护和管理。

A. 平等社会保险和保障 　　　　　　B. 平等的就业机会

C. 平等的医疗保障 　　　　　　　　D. 平等的就业和自主择业

4.【单选题】《就业失业登记证》中的记载信息在（　　）范围内有效，享受统一的相关就业扶持政策。

A. 全国 　　　　　　　　　　　　　B. 省、自治区、直辖市

C. 地级市 　　　　　　　　　　　　D. 县级

5.【单选题】流动人口未按照规定办理婚育证明，现居住地的乡镇人民政府或者街道办事处应当通知其在（　　）个月内补办。

A. 1 　　　　　B. 2 　　　　　C. 3 　　　　　D. 6

6.【单选题】用人单位违反《流动人口计划生育工作条例规定》第十五条的规定，由所在地（　　）责令改正，通报批评。

A. 县级人民政府 　　　　　　　　　B. 县级政府卫生部门

C. 乡镇人民政府 　　　　　　　　　D. 县级人民政府人口和计划生育部门

7.【单选题】流动人口现居住地的县级人民政府公安、民政、人力资源社会保障、卫生等部门和县级工商行政管理部门违反《流动人口计划生育工作条例规定》第九条的规定，由（　　）责令改正，通报批评。

A. 上级人民政府或相应主管部门

B. 上级人民政府

C. 本级人民政府或者上级人民政府主管部门

D. 本级人大及其常务委员会

8.【多选题】《就业失业登记证》是记载（　　）等基本情况的基本载体，是劳动者按规定享受相关就业扶持政策的重要凭证。

A. 个体经营税收优惠 　　　　　　　B. 劳动者就业与失业状况

C. 企业吸纳税收优惠政策　　　　　　D. 享受相关就业扶持政策

E. 接受公共就业人才服务

9.【多选题】我国法律法规规定劳动者平等的就业权，不因（　　）等不同而受歧视。

A. 行业　　　　　　　　　　　　　　B. 民族

C. 种族　　　　　　　　　　　　　　D. 性别

E. 宗教信仰

【答案】1.×；2.√；3.D；4.A；5.C；6.D；7.C；8.BDE；9.BCDE

第三节　地方政府部门对流动人口管理的职责

考点 49：地方政府对流动人口的管理职责★●

教材点睛 教材 P124～P126

1. 流动人口管理的责任分工

法规依据：《中央社会治安综合治理委员会关于进一步加强流动人口服务和管理工作的意见》（厅字〔2007〕11 号）

（1）加强流动人口管理工作的主要任务：进一步统一思想认识，各有关地区和部门树立全国一盘棋的观念，加强合作，齐抓共管，采取更加有力的措施，对流动人口问题进行综合治理。

（2）流动人口管理的部门有：公安机关、劳动部门、工商行政管理部门、民政部门、司法行政部门、卫生部门、建设部门、农业部门、铁道部门、交通部门、军事机关、党团组织等，各部门在流动人口管理工作中各有分工，各行其职。

2. 流动人口管理的行政处罚事项

法规依据：《中华人民共和国户口登记条例》《中华人民共和国行政处罚法》《中华人民共和国治安管理处罚法》《租赁房屋治安管理规定》《暂住证申领办法》《公安机关办理行政案件程序规定》。

（1）流动人口违反户籍管理规定的行为和处罚依据依照公安部《暂住证申领办法》第十四条第（一）项的规定，经公安机关通知拒不改正的，对直接责任人或者暂住人处50 元以下罚款或者警告。

（2）雇用、留宿流动人口的单位及个人违反户籍管理规定的行为和处罚依据

1）依照公安部《暂住证申领办法》第十四条第三项的规定，对雇用无暂住证人员或者扣押暂住证和其他身份证件的对法定代表人或者直接责任人，处以 1000 元以下罚款或者警告。

2）依照《中华人民共和国治安管理处罚法》第五十七条的规定，房屋出租人将房屋出租给无身份证件的人居住的，或者不按规定登记承租人姓名、身份证件种类和号码的，处以 200 元以上 500 元以下罚款。

教材点睛 教材 P124~P126(续)

3)依照公安部《租赁房屋治安管理规定》第九条第二项的规定,对将房屋出租给无合法有效证件承租人的,处以警告、月租金三倍以下的罚款。

巩固练习

1.【判断题】民政部门负责流动人口的收容遣返工作。 （   ）

2.【判断题】公安机关主管流动儿童保护教育中心的管理工作。 （   ）

3.【判断题】卫生部门为流动人口提供节育技术服务。 （   ）

4.【单选题】（   ）负责为流动人口提供节育技术服务。

A. 计划生育部门   B. 卫生部门

C. 乡镇人民政府或街道办事处   D. 民政部门

5.【单选题】（   ）办理《外出就业登记卡》和《外来人员就业证》。

A. 劳动部门   B. 工商行政管理部门

C. 公安部门   D. 民政部门

6.【单选题】依照《中华人民共和国治安管理处罚法》的规定,房屋出租人将房屋出租给无身份证件的人居住的,处以（   ）罚款。

A. 100 元以上 200 元以下   B. 200 元以上 300 元以下

C. 200 元以上 500 元以下   D. 300 元以上 500 元以下

7.【单选题】出租人违反《租赁房屋治安管理规定》,将房屋出租给无合法证件承租人的,公安机关给予警告、月租金（   ）倍以下罚款。

A. 5   B. 3   C. 2   D. 1

8.【单选题】《暂住证申领办法》规定,对雇佣无暂住证人员的法定代表人或直接责任人,处以（   ）元以下罚款或者警告。

A. 200   B. 500   C. 1000   D. 2000

9.【单选题】房屋租赁中介机构、出租（借）人和物业服务企业等组织或个人未如实提供流动人口信息的由所在地（   ）责令改正,予以批评教育。

A. 县级公安机关或派出所   B. 县级人民政府

C. 居民委员会或者村民委员会   D. 乡镇人民政府或街道办事处

10.【多选题】我国加强流动人口管理工作的主要任务有（   ）,采取更加有力的措施,对流动人口问题进行综合治理。

A. 进一步统一思想认识

B. 各有关地区和部门树立全国一盘棋的观念

C. 加强合作

D. 齐抓共管

E. 各地因地制宜

【答案】1. √；2. ×；3. ×；4. B；5. A；6. C；7. B；8. C；9. D；10. ABCD

第八章 信访工作的基本知识

第一节 信访工作组织与责任

考点50：信访工作组织与责任★●

教材点睛 教材 P127~P128

1. 信访工作机构、职责、机制

（1）信访：指公民、法人或者其他组织采用书信、电子邮件、传真、电话、走访等形式，向县级以上各级人民政府工作部门反映情况，提出建议、意见或者投诉请求，依法由有关行政机关处理的活动。

（2）信访工作机构：县级以上人民政府应当设立信访工作机构。

（3）信访工作机构的职责

1）受理、交办、转送信访人提出的信访事项；

2）承办上级和本级人民政府交由处理的信访事项；

3）协调处理重要信访事项；

4）督促检查信访事项的处理；

5）研究、分析信访情况，开展调查研究，提出完善政策和改进工作的建议；

6）指导本级和下级人民政府信访工作机构的信访工作。

（4）信访工作机制主要包括：信访接待受理、信访处理回复及信访工作回访等过程。

2. 信访工作人员的法律责任： 信访事项的引发责任；信访事项的受理责任；信访事项的办理责任；行政机关工作人员的相关法律责任。

巩固练习

1.【判断题】县级以上人民政府应当设立信访工作机构。 （   ）

2.【判断题】信访工作机构的职责包括协调处理重要信访事项。 （   ）

3.【判断题】信访的形式包括采用电子邮件的形式。 （   ）

4.【单选题】根据《信访条例》规定，（   ）级以上人民政府应当设立信访工作机构。

A. 市   B. 县   C. 乡   D. 省

5.【多选题】信访工作机制主要包括（   ）。

A. 信访接待受理   B. 信访处理回复

C. 信访工作回访   D. 检查信访事项

E. 分析信访情况

6.【多选题】县级以上人民政府信访工作机构是本级人民政府负责信访工作的行政机构，履行以下职责(　　)。

A. 受理、交办、转送信访人提出的信访事项

B. 承办下级人民政府交由处理的信访事项

C. 协调处理重要信访事项

D. 督促检查信访事项的处理

E. 对本级人民政府其他工作部门和下级人民政府信访工作机构的信访工作进行指导

7.【多选题】因(　　)情形之一导致信访事项发生，造成严重后果的，构成犯罪的，依法追究刑事责任。

A. 超越职权，侵害信访人合法权益的

B. 滥用职权，侵害信访人合法权益的

C. 行政机关应当作为而不作为，侵害信访人合法权益的

D. 办理信访事项推诿、敷衍、拖延的

E. 适用法律、法规错误或者违反法定程序，侵害信访人合法权益的

【答案】1.√；2.√；3.√；4. B；5. ABC；6. ABCDE；7. ABCE

第二节　信访渠道与事项的提出与受理

考点51：信访渠道与事项的提出与受理★●

教材点睛 教材 P128～P132

1. 信访渠道与信访人的法律责任

（1）信访渠道：指便利公民、法人或其他组织反映情况，提出意见、建议或投诉请求的信访救济途径。

1）信访渠道的相关制度保障：《信访条例》、信访接待日制度和下访制度。

2）信访进度查询：信访人可持行政机关出具的投诉请求受理凭证，到当地人民政府的信访工作机构或有关工作部门的接待场所，查询其所提出的投诉请求的办理情况。

（2）信访人的法律责任（即信访人的违法责任）

1）扰乱信访工作秩序，诬告陷害他人而应负的法律责任。有关国家机关工作人员应当对信访人进行劝阻、批评或者教育。经劝阻、批评和教育无效的，由公安机关予以警告、训诫或者制止。

2）违反集会游行示威的法律、行政法规，或者构成违反治安管理行为的，由公安机关依法采取必要的现场处置措施、给予治安管理处罚；构成犯罪的，依法追究刑事责任。

2. 信访事项提出的类型与形式

（1）信访事项提出的类型【P129～P130】

（2）信访事项提出的形式

1）一般应当采用书信、电子邮件、传真等书面形式；信访人提出投诉请求的，还应当载明信访人的姓名（名称）、住址和请求、事实、理由。

2）有关机关对采用口头形式提出的投诉请求，应当记录信访人的姓名（名称）、住址和请求、事实、理由。

3. 信访事项的受理方式及相关规定

（1）信访事项的受理方式

1）信访人向各级人民政府信访工作机构提起的信访事项受理：信访事项，应当予以登记，并区分情况，在 15 日内分别处理。

① 属于各级人民代表大会以及县级以上各级人民代表大会常务委员会、人民法院、人民检察院职权范围内信访事项的，应当告知信访人分别向有关的人民代表大会及其常务委员会、人民法院、人民检察院提出。

② 属于本级人民政府或者其工作部门处理决定的信访事项，应当转送有权处理的行政机关；情况重大、紧急的，应当及时提出建议，报请本级人民政府决定。

③ 信访事项涉及下级行政机关或者其工作人员的，按照"属地管理、分级负责，谁主管、谁负责"的原则，直接转送有权处理的行政机关，并抄送下一级人民政府信访工作机构。

2）信访人按照《信访条例》规定直接向各级人民政府信访工作机构以外的行政机关提出的信访事项，有关行政机关应当予以登记；对符合本条例第 14 条第 1 款规定并属于本机关法定职权范围的信访事项，应当受理，不得推诿、敷衍、拖延；对不属于本机关职权范围的信访事项，应当告知信访人向有权的机关提出。

3）有关行政机关收到信访事项后，能够当场答复是否受理的，应当当场书面答复；不能当场答复的，应当自收到信访事项之日起 15 日内书面告知信访人。但是，信访人的姓名（名称）、住址不清的除外。

有关行政机关应当相互通报信访事项的受理情况。

4）信访事项的受理程序一般分为登记、初步审查、作出决定、受理四个步骤。

（2）信访事项受理的相关规定

1）涉及两个或者两个以上行政机关的信访事项：由所涉及的行政机关协商处理，受理有争议的，由其共同的上一级行政机关决定受理机关。

2）受理信访事项的行政机关分立、合并、撤销等情形的信访事项，由继续行使其职权的行政机关受理；职责不清的，由本级人民政府或者其指定的机关受理。

巩固练习

1.【判断题】下访制度是指信访人可以在公布的接待日和接待地点向有关行政机关负责人当面反映信访事项。 （ ）

2.【判断题】信访人提出信访事项，一般应当采用书信、电子邮件、传真等书面形

式；信访人提出投诉请求的，可以采取匿名形式，不载明信访人的姓名（名称）、住址和请求、事实、理由等。 （ ）

3.【单选题】以下不属于各级人民法院职权范围内的信访事项的是（ ）。

A. 对人民法院工作的建议、批评和意见

B. 对人民法院工作人员的违法失职行为的报案、申诉、控告或者检举

C. 对人民法院生效判决、裁定、调解和决定不服的申诉

D. 对人民法院审判活动中的违法行为的控告或者检举

4.【单选题】多人采用走访形式提出共同的信访事项的，应当推选代表，代表人数不得超过（ ）。

A. 3人 B. 5人

C. 8人 D. 10人

5.【单选题】信访人对提供公共服务的企业、事业单位及其工作人员的（ ）不服，可以向有关行政机关提出信访事项。

A. 行政行为 B. 其他行为

C. 职务行为 D. 职业行为

6.【单选题】下列不属于各级人民检察院管辖范围内的信访事项的是（ ）。

A. 对人民检察院工作的建议、批评和意见

B. 对人民法院工作的建议、批评和意见

C. 对人民检察院生效决定不服的申诉

D. 对公安机关不予立案决定不服的申诉

7.【单选题】县级以上人民政府信访工作机构收到信访事项，应当予以登记，并区分情况，在（ ）日内分别按规定要求，以不同的方式处理。

A. 30 B. 20 C. 15 D. 10

8.【多选题】信访人可以在（ ）向有关行政机关负责人当面反映信访事项。

A. 有关行政机关的工作日 B. 接待地点

C. 公布的接待日 D. 有关行政机关负责人办公室

E. 特殊时期

9.【多选题】各级人民政府信访工作机构有权受理的信访事项有（ ）。

A. 对本级、下级人民政府及其工作部门职权范围内的工作提出建设性建议

B. 信访事项的处理需要本级人民政府协调的

C. 要求改变或者撤销本级人民政府所属工作部门不适当的措施、指示和下级人民政府不适当措施决定

D. 要求上级人民政府及其工作部门按照信访结果处理信访事件

E. 对本级、下级信访工作机构工作人员履行职务的行为不满的

【答案】1.×；2.×；3.D；4.B；5.C；6.B；7.C；8.BC；9.ABCE

第三节　信访事项的办理

考点 52：信访事项的办理●

教材点睛　教材 P133～P135

1. 信访事项的办理方式及时间规定

（1）信访事项的办理方式

1）信访事项办理的分类

① 对信访人反映的情况，提出的建议、意见类信访事项的办理：不适用强制性程序，不一定启动信访调查等，主要是由相关行政机关在本机关自由裁量权范围内予以办理。

② 对投诉请求类信访事项的办理：按照《信访条例》要求必须经过信访调查、提出办理意见、书面答复信访人等步骤，同时，信访人对办理意见不服的，还可以寻求复查、复核等申请救济。

2）信访调查的步骤：事前通知→表明身份→说明理由→实施调查→制作笔录→调查对象核对签字。

3）信访事项的办理

① 行政机关在办理信访事项时，应当听取信访人陈述事实和理由；必要时可以要求信访人说明情况；需进一步核实有关情况的，可以向其他组织和人员调查。

② 对重大、复杂、疑难的信访事项，可以举行听证。

（2）时间规定：信访事项应当自受理之日起 60 日内办结；情况复杂的，经批准，可适当延长办理期限，但延长期限不得超过 30 日，并告知信访人延期理由。

2. 信访事项办理的答复

（1）信访事项的办结书面答复方式有三种：予以支持；不予支持；缺乏依据时做出解释。

（2）信访程序的终结：

1）国务院做出的处理意见为终局裁决。

2）办理（复查）意见是应当被申请复议或诉讼的，信访程序均告终结。

3）如果办理（复查）意见是不能被申请复议或诉讼的，而信访人在收到办理（复查）意见，并被告知相应救济途径之日起 30 日内未申请复查或者复核的，信访程序终结。

4）复核意见是当然的信访终结意见，则信访程序均告终结。

（3）信访人对行政机关作出的信访事项处理意见不服的，可以自收到书面答复之日起 30 日内请求原办理行政机关的上一级行政机关复查。收到复查请求的行政机关应当自收到复查请求之日起 30 日内提出复查意见，并予以书面答复。

（4）复查的程序分为申请、审查和做出复查意见三步。

（5）信访人对复查、复核意见不服的情形

1) 信访人对复查意见不服的,可以自收到书面答复之日起 30 日内向复查机关的上一级行政机关请求复核。收到复核请求的行政机关应当自收到复核请求之日起 30 日内提出复核意见。

2) 听证所需时间不计算在前款规定的期限内。

3) 信访人对复核意见不服,仍然以同一事实和理由提出投诉请求的,将不被再受理。

巩固练习

1.【判断题】对重大、复杂、疑难的信访事项,可以举行听证。　　　　　　　　(　　)

2.【判断题】对于一般的信访调查,信访调查人员可以只有 1 名。　　　　　　(　　)

3.【单选题】信访调查的内容有①事前通知;②说明理由;③表明身份;④实施调查;⑤制作笔录,步骤正确的是(　　)。

A. ①②③⑤④　　　　　　　　　　B. ①②③④⑤

C. ①③②④⑤　　　　　　　　　　D. ①③②⑤④

4.【单选题】信访人对复核意见不服,仍然以同一事实和理由提出投诉请求的,各级人民政府信访工作机构和其他行政机关(　　)。

A. 不再受理　　　　　　　　　　B. 不再复核

C. 不予登记　　　　　　　　　　D. 不再答复

5.【单选题】信访人对复查意见不服的,可以自收到书面答复之日起(　　)日内向复查机关的上一级行政机关请求复核。

A. 15　　　　　　B. 30　　　　　　C. 45　　　　　　D. 60

6.【单选题】若信访人对行政机关作出的信访事项处理意见不服,可以申请复查。复查的程序不包括(　　)。

A. 申请　　　　　　　　　　　　B. 举证

C. 审查　　　　　　　　　　　　D. 做出复查意见

7.【多选题】对信访事项提出复查申请必须满足的条件有(　　)。

A. 有具体的复查请求和事实依据

B. 必须由不服办理意见的信访人提出属于信访复查的范围

C. 属于该接受申请机关的职权范围

D. 复查请求必须自收到办理机关的书面答复之日起 20 日内提出

E. 属于信访复查的范围

【答案】1.√;2.×;3.C;4.A;5.B;6.B;7.ABCE

第九章　人力资源开发及管理的基本知识

第一节　人力资源开发与管理的基本原理

考点53：人力资源管理原理 ★●

教材点睛　教材 P136~P138

1. 人力资源管理的理论基础

（1）人力资源管理的概念

1）人力资源包括人的智力、体力、知识和技能。

2）人力资源管理

① 宏观：围绕充分开发人力资源效能的目标，对人力资源的取得、开发、保持和利用等方面所进行的管理活动的总称。

② 微观：根据组织发展战略的要求，有计划地对人力资源进行合理配置，通过对组织中员工的招聘、培训、使用、考核、激励、调整等一系列过程，调动员工的积极性，发挥员工的潜能，为组织创造价值，确保组织战略目标的实现。

③ 企业运用现代管理方法，对人力资源的获取、开发、保持和利用等方面所进行的计划、组织、指挥、控制和协调等一系列活动，最终达到实现企业发展目标的一种管理行为。

（2）人力资源管理的经典理论

1）道格拉斯·麦格雷戈把对人的基本假设作了区分，即 X 理论和 Y 理论。X 理论要求为了实现有效的管理，实现企业的目标，应当采取严格的人力资源管理措施，进行严格的监督和控制。Y 理论则要求管理实践要满足人们的成就感、自尊感和自我实现感等需求。

2）威廉·大内"Z 理论"：为以人为本的思想提供了具体的管理模式，以人为本的员工管理模式的关键在于员工的参与。

3）马斯洛"需求层次理论"依次为：生理需求；安全需求；社会需求；尊重需求；自我实现需求。

2. 人力资源规划的原则和内容

（1）人力资源规划的原则：①充分考虑内部、外部环境的变化；②提供企业的人力资源保障；③使企业和员工都得到长期的利益。

（2）人力资源规划的内容包括五个方面：战略规划、组织规划、制度规划、人员规划、费用规划。

第二节　人员招聘与动态管理

考点 54：人员招聘与动态管理★●

<table>
<tr><td>教材点睛</td><td>教材 P138～P142</td></tr>
</table>

1. 人员招聘

（1）招聘的程序：制定招聘计划→组建招聘小组→确立招聘渠道，发布招聘信息→甄别录用→工作评估。

（2）招聘的原则：公开招聘、公平公正、全面考核、择优录用、双向选择、效率优先。

（3）招聘的渠道分为内部征召和外部招聘两个渠道。其中外部招聘又分为员工推荐、顾客中挖掘、刊登广告、人才招聘会、校园招聘、就业机构介绍、猎头公司、网络招聘等方式。

2. 动态管理分为内部流动管理及流出管理。

（1）员工内部流动管理：员工在组织内部流动，如员工职位调整（调动）、岗位轮换、晋升、降职等，以适合组织的工作需要和满足个人的职业愿望。

（2）员工流出管理分为：解雇（辞退）、开除；提前退休；自愿流出等管理环节。

巩固练习

1.【判断题】人力资源是指能够推动整个社会和经济发展的，且具有智力劳动和体力劳动能力的劳动者的总和。　　　　　　　　　　　　　　　　　　　　　　　（　　）

2.【判断题】就人力资源本身来说，人力资源管理的两重性即人力资源是生产者也是消费者。　　　　　　　　　　　　　　　　　　　　　　　　　　　　　　　　（　　）

3.【判断题】组织规划是人力资源总规划目标实现的重要保证。　　　　　　（　　）

4.【单选题】20 世纪 80 年代，（　　）通过大量的企业调研在其著作中提出了"Z 组织"的理论。

A. 道格拉斯·麦格雷戈　　　　　　　B. 威廉·大内

C. 威廉姆斯　　　　　　　　　　　　D. 道琼斯

5.【单选题】人力资源不包括人的（　　）。

A. 智力　　　　　　　　　　　　　　B. 体力

C. 思想　　　　　　　　　　　　　　D. 知识

6.【单选题】人力资源计划中应解决的核心问题是（　　）。

A. 充分考虑内外部环境变化　　　　　B. 企业的人力资源保障问题

C. 企业总体发展战略目标　　　　　　D. 人力资源规划

7.【单选题】以下人员招聘的程序排序正确的是（　　）。

①确立招聘渠道；②工作评估；③组建招聘小组；④制定招聘计划；⑤甄别录用

A. ①②③④⑤ B. ①④③②⑤

C. ④③①⑤② D. ④①③⑤②

8.【单选题】是否做到（　　），是人员招聘成败的关键。

A. 公开招聘 B. 择优录用

C. 公平公正 D. 效率优先

9.【单选题】属于企业人员管理中员工流出管理的是（　　）。

A. 平级调动 B. 岗位轮换

C. 解雇 D. 降职

10.【多选题】人力资源规划的内容包括（　　）。

A. 人员规划 B. 制度规划

C. 战略规划 D. 技术规划

E. 费用规划

11.【多选题】人力资源规划的原则包括（　　）。

A. 充分考虑内部、外部环境的变化 B. 提供企业的人力资源保障

C. 使企业和员工都得到长期的利益 D. 设计企业整体框架

E. 确定企业总体发展目标

12.【多选题】企业人员管理中员工内部流动管理一般包括（　　）。

A. 员工职位调整 B. 岗位轮换

C. 解雇 D. 晋升

E. 降职

13.【多选题】企业人员管理中员工流出管理包括（　　）。

A. 平级调动 B. 提前退休

C. 解雇 D. 降职

E. 开除

【答案】1. ×；2. √；3. ×；4. B；5. C；6. B；7. C；8. B；9. C；10. ABCE；11. ABC；
12. ABDE；13. BCE

第三节 人 员 培 训

考点55：人员培训●

教材点睛 教材 P142～P143

1. 培训的形式划分

（1）从培训与工作关系来划分，可分为在职培训和脱产离职培训。

（2）从培训的组织形式来划分，可分为普通学校、成人教育学校、短训班、自学等形式。

教材点睛 教材 P142～P143（续）

（3）从培训的目的来划分，有学历培训、文化补课、岗位职务培训等。

（4）从培训的层次方面来划分，有高层培训，中层培训和初级培训。

（5）从培训的对象不同来划分，有职前培训教育、新员工培训、在职职工培训、企业的全员培训等。

2. 培训的内容

（1）管理人员培训内容包括：岗位培训、继续教育、学历教育。

（2）工人培训内容包括：班组长培训、技术工人等级培训、特种作业人员的培训、对外埠施工队伍的培训。

巩固练习

1.【判断题】岗位培训旨在提高职工的本职工作能力。　　　　　　　　（　　）

2.【判断题】从培训与工作关系来划分，培训可分为在职培训和脱产离职培训。

（　　）

3.【判断题】员工培训应将组织发展目标和员工个人发展目标相结合。　　（　　）

4.【单选题】员工培训的形式按（　　）划分，可以分为学历培训、文化补课、岗位职务培训等。

A. 培训的目的　　　　　　　　　　B. 培训对象的不同

C. 培训的组织形式　　　　　　　　D. 培训的层次

5.【单选题】以下属于工人培训的是（　　）。

A. 岗位培训　　　　B. 继续教育　　　　C. 学历教育　　　　D. 班组长培训

6.【多选题】以下属于管理人员培训的有（　　）。

A. 岗位培训　　　　　　　　　　　B. 技术工人等级培训

C. 继续教育　　　　　　　　　　　D. 学历教育

E. 班组长培训

【答案】1.√；2.√；3.√；4. A；5. D；6. ACD

第四节　绩效与薪酬管理

考点 56：绩效与薪酬管理 ★●

教材点睛 教材 P143～P148

1. 绩效管理

（1）绩效管理的内容：包括"德、能、勤、绩"四个方面。德、能是业绩的基础，勤、绩是工作成果的具体表现，而以绩为考核中心，即绩是德、能、勤的综合体现。

(2) 绩效管理的方法：简单排序法、强制分配法、要素评定法、工作记录法、目标管理法、360度考核法、平衡计分卡法。

2. 薪酬管理

(1) 薪酬管理目标有三个：效率、公平、合法。

1) 薪酬效率目标的本质是用适当的薪酬成本给组织带来最大的价值。

2) 公平目标包括三个层次：分配公平、过程公平、机会公平。

3) 合法目标是企业薪酬管理的最基本前提。

(2) 薪酬管理的内容包括：薪酬的目标管理、薪酬的水平管理、薪酬的体系管理、薪酬的结构管理、薪酬的制度管理。

(3) 薪酬模式分为五种基本模式：基于岗位的薪酬模式、基于绩效的薪酬模式、基于技能的薪酬模式、基于市场的薪酬模式、基于年功的薪酬模式。

(4) 薪酬模式的优缺点分析【P147～P148】

(5) 薪酬管理的原则：补偿性原则、公平性原则、透明性原则、激励性原则、竞争性原则、经济性原则、合法性原则、方便性原则。

巩固练习

1.【判断题】公平目标是企业薪酬管理的最基本前提，要求企业实施的薪酬制度符合国家、省、自治区的法律法规、政策条例要求。 （   ）

2.【判断题】机会公平是指组织在进行人事决策、决定各种奖励措施时，应符合公平的要求。 （   ）

3.【单选题】职务工资制体系建立在职务评价基础上，决定基本工资差别的最主要因素是（   ）。

A. 职工所执行职务的差别 B. 职工技术等级的差别

C. 职工工作环境的差异 D. 职工工作性质的差异

4.【单选题】（   ）是指在决定任何奖惩政策时，组织所依据的决策标准或方法符合公正性原则，程序公平一致、标准明确、过程公开等。

A. 分配公平 B. 结果公开

C. 过程公平 D. 机会公平

5.【单选题】（   ）是企业薪酬管理的最基本前提，要求企业实施的薪酬制度符合国家、省、自治区、直辖市的法律法规、政策条例要求。

A. 效率目标 B. 合法目标

C. 公平目标 D. 平等目标

6.【单选题】下列具有同岗同酬、职位晋升、薪级晋级优点的薪酬管理模式是（   ）。

A. 基于岗位的薪酬模式 B. 基于绩效的薪酬模式

C. 基于市场的薪酬模式 D. 基于年功的薪酬模式

7. 【多选题】薪酬要发挥应有的作用，薪酬管理应达到的目标是( )。

A. 公开
B. 公平
C. 效率
D. 平等
E. 合法

8. 【多选题】以下情形中，属于职务工资制特点的有( )。

A. 严格的职务分析，比较客观公正

B. 有利于雇员工资与可量化的业绩挂钩

C. 雇员薪酬收入与个人业绩挂钩

D. 绩效工资占总体工资比例在50%以上，浮动比重小

E. 严格的职等职级，并对应严格的工资等级

9. 【多选题】下列属于薪酬管理内容的是( )。

A. 薪酬的目标管理
B. 薪酬的水平管理
C. 薪酬的体系管理
D. 薪酬的奖惩管理
E. 薪酬的结构管理

【答案】1. ×；2. ×；3. A；4. C；5. B；6. A；7. BCE；8. AE；9. ABCE

第十章　财务管理的基本知识

第一节　成　本　与　费　用

考点57：成本与费用★

教材点睛　教材 P149~P152

1. 成本与费用的关系

（1）成本的概念与特点

1）成本的概念

① 广义：成本是用货币计量的，为取得或即将取得的商品或劳务所支付的现金或转让的其他资产、发行的资本股票、提供的劳务或发生的负债的总额。

② 狭义：成本是指产品成本。

2）成本的特点

① 用现金、其他资产等支付的成本，改变的只是资产的存在方式，不改变资产总额。

② 以负债方式形成的成本，使资产和负债同时以相同的金额增加，但成本的发生不影响所有者权益的变化。

（2）费用的概念与特点

1）费用的概念：指企业在生产和销售商品、提供劳务等日常经济活动中所发生的、会导致所有者权益减少的、与向所有者分配利润无关的经济利益的总流出。

2）费用的特点

① 费用是企业日常活动中发生的经济利益的流出，并且能够可靠计量。

② 费用将引起所有者权益的减少。

③ 费用可能表现为资产的减少，或负债的增加，或者兼而有之。

④ 费用只包括本企业经济利益的流出，而不包括为第三方或客户代付的款项及偿还债务支出。

（3）费用和成本的区别与联系

1）费用按经济用途可分为生产费用和期间费用两类。生产费用是与产品生产直接相关的费用。期间费用一般包括营业费用、管理费用和财务费用三类。

2）成本和费用的联系：①都是企业支出的构成部分。②都是企业经济资源的耗费。③生产费用经对象化后进入生产成本，但期末应将当期已销产品的成本结转进入当期的费用。

3）成本和费用的区别：①成本是对象化的费用，其所针对的是一定的成本计算对象。②费用则是针对一定的期间而言的，包括生产费用和期间费用。

2. 工程成本的范围：工程成本分为直接费用和间接费用。

(1) 直接费用包括：直接材料费、直接人工费和其他直接支出。

(2) 间接费用包括：企业内部的各生产经营单位为组织和管理生产所发生的各种费用。

3. 施工企业的期间费用包括：管理费用和财务费用。

(1) 管理费用包括：管理人员工资、办公费、差旅交通费、固定资产使用费、工具用具使用费、劳动保险费、工会经费、职工教育经费、财产保险费、税金、其他费用等。

(2) 财务费用包括：利息支出、汇兑损失、相关手续费、其他财务费用。

巩固练习

1.【判断题】费用可能表现为资产的减少，或负债的增加，或者兼而有之。 (   )

2.【判断题】企业的水电费、机物料消耗属于直接费用。 (   )

3.【判断题】施工企业的汇兑损失属于财务费用。 (   )

4.【单选题】期间费用不包括(   )。

A. 营业费用   B. 管理费用

C. 生产费用   D. 财务费用

5.【单选题】以下不属于工程成本间接费用的是(   )。

A. 劳动保护费   B. 辅助材料

C. 机器设备的折旧费   D. 机物料消耗

6.【单选题】以下不属于施工企业期间费用中的管理费用的是(   )。

A. 办公费   B. 劳动保险费

C. 相关手续费   D. 职工教育经费

7.【单选题】以下不属于财务费用范围的是(   )。

A. 利息支出   B. 办公费

C. 汇兑损失   D. 相关手续费

8.【多选题】费用按不同的分类标准，可以有多种不同的费用分类方法，费用按经济用途可分为(   )。

A. 营业费用   B. 管理费用

C. 生产费用   D. 财务费用

E. 期间费用

【答案】1.√；2.×；3.√；4.C；5.B；6.C；7.B；8.CE

第二节 收入与利润

考点 58：收入与利润★

教材点睛 教材 P152～P159

1. 收入的分类及确认

（1）收入的特点

1）收入从企业的日常活动中产生，具有经常性、重复性和可预见性的特点。

2）收入可能表现为企业资产的增加，也可能表现为企业负债的减少，或二者兼而有之。

3）收入能使企业所有者权益的增加，收入是与所有者投入无关的经济利益的总流入，而不是净流入。

4）收入只包括本企业经济利益的流入，不包括为第三方或客户代收的款项。

（2）按收入的性质，企业的收入可分为建造（施工）合同收入、销售商品收入、提供劳务收入和让渡资产使用权收入等。

（3）收入的确认【P153～P154】

2. 工程合同收入的计算

（1）建造合同概述

1）建造（施工）合同的特征：针对性强；建设周期长；资产体积大，造价高；是不可撤销合同。

2）建造合同分为固定造价合同和成本加成合同。固定造价合同和成本加成合同的最大区别在于合同风险的承担者不同。

（2）建造合同收入包括两部分内容：合同规定的初始收入和合同变更、索赔、奖励等形成的收入。

（3）建造（施工）合同收入的确认

1）合同结果能够可靠估计时建造（施工）合同收入的确认

① 合同结果能够可靠估计的标准。

② 完工百分比法。

2）合同结果不能可靠地估计时建造（施工）合同收入的确认

① 合同成本能够回收的，合同收入根据能够收回的实际合同成本来确认，合同成本在其发生的当期确认为费用。

② 合同成本不能回收的，应在发生时立即确认为费用，不确认收入。

3. 利润的计算与分配

（1）利润的计算：可分为营业利润、利润总额、净利润三个层次。

1）营业利润＝营业收入－营业成本（或营业费用）－营业税金及附加－
销售费用－管理费用－财务费用－资产减值损失＋
公允价值变动收益（损失为负）＋投资收益（损失为负）

2）利润总额＝营业利润＋营业外收入－营业外支出

3）净利润＝利润总额－所得税费用

（2）利润分配

1）税后利润的分配原则：按法定顺序分配的原则；非有盈余不得分配原则；同股同权、同股同利原则；公司持有的本公司股份不得分配利润。

2）税后利润的分配顺序：弥补公司以前年度亏损；提取法定公积金（法定公积金和任意公积金）；经股东会或者股东大会决议提取任意公积金；向投资者分配的利润或股利；未分配利润。

3）法定公积金的用途：弥补亏损，扩大公司生产经营，增加公司注册资本。

巩固练习

1.【判断题】资产减值损失是指企业计提各项资产减值准备所形成的损失。（   ）

2.【判断题】公司的法定公积金不足以弥补以前年度亏损的，在依照规定提取法定公积金之前，应当先增加公司注册资本。（   ）

3.【单选题】（   ）是构成企业利润的主要来源。

A. 营业收入　　　　　　　　　　B. 投资收益

C. 补贴收入　　　　　　　　　　D. 营业外收入

4.【单选题】建筑业企业为设计和建造房屋、道路等建筑物签订的合同也叫作（   ）。

A. 施工合同　　　　　　　　　　B. 施工合同收入

C. 建筑合同　　　　　　　　　　D. 劳务合同

5.【单选题】固定造价合同和成本加成合同的最大区别在于（   ）。

A. 合同风险的承担者不同　　　　B. 成本不同

C. 合同单价不同　　　　　　　　D. 定价原则不同

6.【单选题】企业当期利润总额减去所得税费用后的金额，即企业的（   ）。

A. 投资收益　　　　　　　　　　B. 净利润

C. 营业收入　　　　　　　　　　D. 营业利润

7.【单选题】（   ）既是公司税后利润分配的基本原则，也是公司税后利润分配的基本出发点。

A. 非有盈余不得分配原则

B. 按法定顺序分配的原则

C. 同股同权、同股同利原则

D. 公司持有的本公司股份不得分配利润

8.【单选题】公司的法定公积金不足以弥补以前年度亏损的，在依照规定提取法定公积金之前，应当先（   ）。

A. 弥补亏损　　　　　　　　　　B. 提取法定公积金

C. 扩大公司生产经营   D. 增加公司注册资本

9.【单选题】按照我国《公司法》规定，公司税后利润的分配顺序为(　　)。

①提取法定公积金；②弥补公司以前年度亏损；③未分配利润；④向投资者分配的利润或股利；⑤经股东会或者股东大会决议提取任意公积金

A. ②①⑤④③   B. ②⑤①④③

C. ②①⑤③④   D. ②⑤①③④

10.【多选题】关于收入的特点，以下说法正确的是(　　)。

A. 收入也可以从偶发的交易或事项中产生

B. 收入可能表现为企业资产的增加

C. 收入可能表现为企业负债的减少

D. 收入包括为第三方或客户代收的款项

E. 收入能导致企业所有者权益的增加

11.【多选题】建造（施工）合同的特征表现为(　　)。

A. 针对性强   B. 建设周期较短

C. 建造的资产体积大   D. 造价高

E. 一般不可撤销

12.【多选题】税后利润的分配原则可以概括为(　　)。

A. 按法定顺序分配的原则

B. 同股同权、同股同利原则

C. 公司持有的本公司股份不得分配利润

D. 向投资者分配的利润或股利

E. 非有盈余不得分配原则

【答案】1. √；2. ×；3. A；4. A；5. A；6. B；7. B；8. A；9. A；10. BCE；11. ACDE；12. ABCE

第十一章　劳务分包合同的相关知识

第一节　合同的基本知识

考点 59：合同基本知识 ★●

> **教材点睛**　教材 P160～P179

1. 签订合同的基本原则：平等自愿原则，公平和诚实信用原则，遵守法律、不得损害社会公共利益原则，情事变更原则。

2. 合同的定义和效力

(1) 合同的法律性质

1) 合同是一种民事法律行为，而非事实行为；

2) 合同是两方当事人的意思表示一致的法律行为；

3) 合同是以设立、变更、终止民事权利义务为目的的法律行为；

4) 合同是双方当事人各自在平等、自愿的基础上产生的法律行为。

(2) 合同的效力

1) 有效合同：①当事人具有相应的民事行为能力；②意思表示真实；③不违反法律和社会公共利益。

2) 效力待定合同（可追认的合同）：①无行为能力人所订立的合同；②限制民事行为能力人订立的与其年龄、智力、精神状况不相适应的合同；③无权代理订立的合同；④无处分权人处分他人财产订立的合同；⑤自己代理和双方代理订立的合同。

3) 可撤销合同：①重大误解；②显失公平；③欺诈；④胁迫；⑤乘人之危订立的合同。

4) 无效合同产生原因：①一方以欺诈、胁迫的手段订立合同，损害国家利益；②恶意串通，损害国家、集体或者第三人利益；③以合法形式掩盖非法目的；④损害社会公共利益；⑤违反法律、行政法规的强制性规定。

5) 合同无效或被撤销的法律后果：返还财产；折价补偿；赔偿损失；收归国库所有、返还集体、第三人。

3. 合同的形式、示范文本的种类

(1) 合同的形式：有书面形式、口头形式和其他形式（推定的形式）。

(2) 合同类型

1) 单务合同和双务合同。

2) 有偿合同和无偿合同。

3) 有名合同和无名合同。

4) 要式合同和不要式合同。

5) 主合同和从合同。

6) 实践合同和诺成合同。

7) 单价合同和总价合同。

（3）合同示范文本

1）合同示范是由国家工商行政管理局会同有关专业部门联合制定的，包括合同主要条款和式样，具有规范性、指导性合同文本格式。

2）制定合同示范文本，应当遵循合法合规、公平合理、尊重意思自治和主动公开的原则。

3）合同示范文本内容，一般应当包括各方当事人的名称或者姓名和住所、标的、数量、质量、价款或者报酬、履行期限、地点和方式、违约责任和解决争议的方法等基本内容。

4）对于合同当事人利用、冒用合同示范文本，实施侵害消费者权益、危害国家利益和社会公共利益等合同违法行为的，各级工商和市场监管部门一经发现，应当按照《合同违法行为监督处理办法》以及其他有关规定进行处理。

4. 自拟合同的法律规定

（1）自拟合同是指合同双方当事人在特殊情况下或根据自身需要，没有采用合同示范文本，需要双方自拟的合同。

（2）自拟合同的内容由当事人约定，一般应包括以下条款：

① 当事人的名称或者姓名和住所；　　　②标的；

③ 数量；　　　　　　　　　　　　　　④质量；

⑤ 价款或者报酬；　　　　　　　　　　⑥履行期限、地点和方式；

⑦ 违约责任；　　　　　　　　　　　　⑧解决争议的方法。

5. 合同争议的解决途径、方式和诉讼时效

（1）合同争议解决的途径及方式：协商解决；和解与调解；仲裁；起诉。

（2）合同争议解决的诉讼时效

1）诉讼时效的法律依据：①债务人拒绝履行债务；②法院对债务人不再使用强制履行的办法；③受领权不受诉讼时效的限制。

2）诉讼时效的范围：《民法典》第一百九十六条【P178】

3）诉讼时效期间的种类：普通诉讼时效（3年）；特别诉讼时效期间；最长诉讼时效期间（20年）。

4）诉讼时效期间的起算

① 附延缓条件的债权：从条件成就之时或履行期限届满之时开始计算。

② 附始期的债权：从始期到来之时或履行期限届满之时开始计算。

③ 未定履行期限的债权，从权利成立之时开始计算。

④ 定有履行期限的债权，从履行期限届满之时开始计算。

5）诉讼时效期间的中止：在诉讼时效期间的最后 6 个月内，因不可抗力或其他障碍不能行使请求权的，诉讼时效中止。

6）诉讼时效的中断：当事人一方提出要求或同意履行义务时中断。从中断时起，诉讼时效期间重新计算。诉讼时效中断可以数次发生，但要受到 20 年最长诉讼时效的限制。

教材点睛 教材 P160～P179（续）

7）诉讼时效期间的延长：指在诉讼时效期间届满以后，权利人因有正当理由，向人民法院提出请求的，人民法院可以把法定时效期间予以延长。普通诉讼时效、特别诉讼时效和 20 年最长诉讼时效都适用关于延长的规定。

巩固练习

1.【判断题】合同无效的原因在于欠缺能力或欠缺权利。 （　　）

2.【判断题】超过诉讼时效后，当事人所有的权利即告终结。 （　　）

3.【判断题】固定总价合同就是指无论发生什么变化，合同价格都不可以调整的合同。 （　　）

4.【判断题】总价合同分为固定总价合同、变动总价合同和成本加酬金总价合同三种类型。 （　　）

5.【判断题】合同标的是合同法律关系的客体，是合同成立的必要条件。 （　　）

6.【单选题】认定合同效力的依据是法律中的强制性规定和（　　）。

A. 行政法规中的强制性规定　　　　B. 地方政府规章中的强制性规定

C. 部门规章中的强制性规定　　　　D. 地方性法规的中的强制性规定

7.【单选题】无民事行为能力人只能通过（　　）订立合同。

A. 委托代理人　　　　　　　　　　B. 长辈

C. 亲属　　　　　　　　　　　　　D. 法定代理人

8.【单选题】下列情形中，属于效力待定合同的有（　　）。

A. 成年人甲误将复制品的油画当成真品购买

B. 14 周岁的少年因发明创造而接受奖金

C. 14 周岁的少年出售名牌手表给 20 岁的李某

D. 药店借抢救重病人急需将药价提高 10 倍

9.【单选题】诉讼时效届满当事人丧失的是（　　）。

A. 胜诉权　　　　　　　　　　　　B. 任何权利

C. 诉权　　　　　　　　　　　　　D. 受领权

10.【单选题】下列事项中，属于诉讼时效的法律依据有（　　）。

A. 债权人不可以提起诉讼

B. 法院不再对债务人采取强制措施

C. 债权人丧失受领权

D. 债务人任何情况下都不得履行债务

11.【多选题】合同无效或被撤销的法律后果（　　）。

A. 返还财产　　　　　　　　　　　B. 赔偿损失

C. 折价补偿　　　　　　　　　　　D. 返还原物

E. 恢复原状

12.【多选题】因欺诈而订立的合同的条件有（　　）。

A. 主观上故意

B. 客观上对订立合同事实的虚假介绍或隐瞒

C. 一方当事人欺诈另一方当事人

D. 因对方欺诈陷入错误

E. 因第三人欺诈陷入错误

13.【多选题】特别诉讼时效期间为1年,下列(　　)属于特别诉讼时效期间。

A. 身体受到伤害要求赔偿的　　　　　B. 出售质量不合格的商品未声明的

C. 延付或拒付租金的　　　　　　　　D. 工资遭到拖欠的

E. 寄存财物被丢失或损毁的

14.【多选题】劳务分包合同签订前,必须要审查签约主体的资格,需要完善和审核的资料包括(　　)。

A. 证照审查　　　　　　　　　　　　B. 业绩审查

C. 组织机构审查　　　　　　　　　　D. 资质审查

E. 经办人审查

【答案】1.×;2.×;3.×;4.×;5.√;6.A;7.D;8.C;9.A;10.B;11.ABC;
12.ABCD;13.ABCE;14.ADE

第二节　劳务分包合同管理

考点60:劳动分包合同管理★●

教材点睛 教材 P179~P182

1. 劳务分包合同签订的流程:招标→合同谈判→签订合同→合同备案。

2. 劳务分包合同条款

(1)采用格式合同方式。施工总承包人或专业工程承包人或专业工程分包人都可以直接与劳务分包人签订施工劳务分包合同。

(2)《建设工程施工劳务分包合同(示范文本)》共有35个条款及3个附件。【P179~P180】

3. 劳务分包合同价款的确定

(1)三种方式:定额(工日)单价;按工种计算劳务分包工程造价;按分项工程建筑面积确定承包价。

(2)人工单价、管理费、利润、规费等分别按照以下规定确定或计算:

1)人工单价:参照工程所在地建设工程造价行政管理部门发布的市场人工单价确定;

2)管理费:以人工费为基础,其费率为4%~7%,具体由劳务分包企业结合工程实际自主确定;

3)利润:以人工费为基础,其费率为3%~5%,具体由劳务分包企业结合工程实际自主确定;

4) 规费：包括社会保险费、外来工调配费、住房公积金等，为不可竞争费。

4. 劳务合同履约过程管理

（1）履约过程中，要认真核查劳务分包公司的现场管理机构，要加大对人力资源、设备资源、营地设施的监督检查力度，避免出现不必要的风险。

（2）承包人不得要求劳务分包人提供或采购大型机械、主要材料，不得要求劳务分包人提供或租赁周转性材料，以此强化劳务分包人仅提供劳务作业的合同实质。

（3）施工前，大力加强劳务人员的入场教育，包括技术教育及安全教育。保留书面安全以及技术交底的证据，并要求每个劳务人员签字。

（4）建立定期召开例会制度，与劳务人员签订违反安全操作规范的惩罚制度，从制度上保证劳务人员的安全操作规范，避免风险事故的发生。

（5）施工过程中，加强工序质量监督、施工进度监督、安全生产和文明施工监督、设备使用管理监督、劳务人员工资发放监督、竣工验收监督等各项监督措施。

5. 劳务分包合同审查（合同备案制度）【P181～P182】

巩固练习

1.【判断题】施工总承包人可以直接与劳务分包人签订施工劳务分包合同。　　（　　）

2.【判断题】劳务人员的入场教育包括技术教育及安全教育。　　　　　　　　（　　）

3.【单选题】劳务分包合同价款的确定方式不包括（　　）。

A. 按单位工程建筑高度确定承包价　　B. 定额（工日）单价

C. 按分项工程建筑面积确定承包价　　D. 按工种计算劳务分包工程造价

4.【单选题】劳务分包合同人工单价参照工程所在地建设工程造价行政管理部门发布的（　　）确定。

A. 定额单价　　　　　　　　　　　　B. 市场人工单价

C. 概算单价　　　　　　　　　　　　D. 工程量清单单价

5.【单选题】劳务分包合同的利润以人工费为基础，其费率为（　　），具体由劳务分包企业结合工程实际自主确定。

A. 1%～2%　　　　　　　　　　　　B. 2%～3%

C. 5%～6%　　　　　　　　　　　　D. 3%～5%

6.【单选题】不可竞争的规费不包括（　　）。

A. 住房公积金　　　　　　　　　　　B. 社会保险费

C. 人工费　　　　　　　　　　　　　D. 外来工调配费

7.【单选题】劳务分包合同签订的工作内容有①合同备案；②签订合同；③合同谈判；④招标。签订流程正确的是（　　）。

A. ③④②①　　　　　　　　　　　　B. ④②③①

C. ①④③②　　　　　　　　　　　　D. ④③②①

8.【单选题】施工企业办理劳务分包合同备案后的做法错误的是（　　）。

A. 在现场显著位置悬挂劳务分包明示牌

B. 在现场显著位置悬挂当地建设工程劳务分包施工登记证

C. 将备案劳务分包合同存于总公司合约部

D. 将备案的劳务分包合同存于施工现场备查

9.【多选题】劳务合同履约过程中承包人不得要求劳务分包人提供或采购（　　）。

A. 辅助性材料   B. 大型机械

C. 小型随手工具   D. 主要材料

E. 周转性材料

【答案】1. √；2. √；3. A；4. B；5. D；6. C；7. D；8. C；9. BDE

98

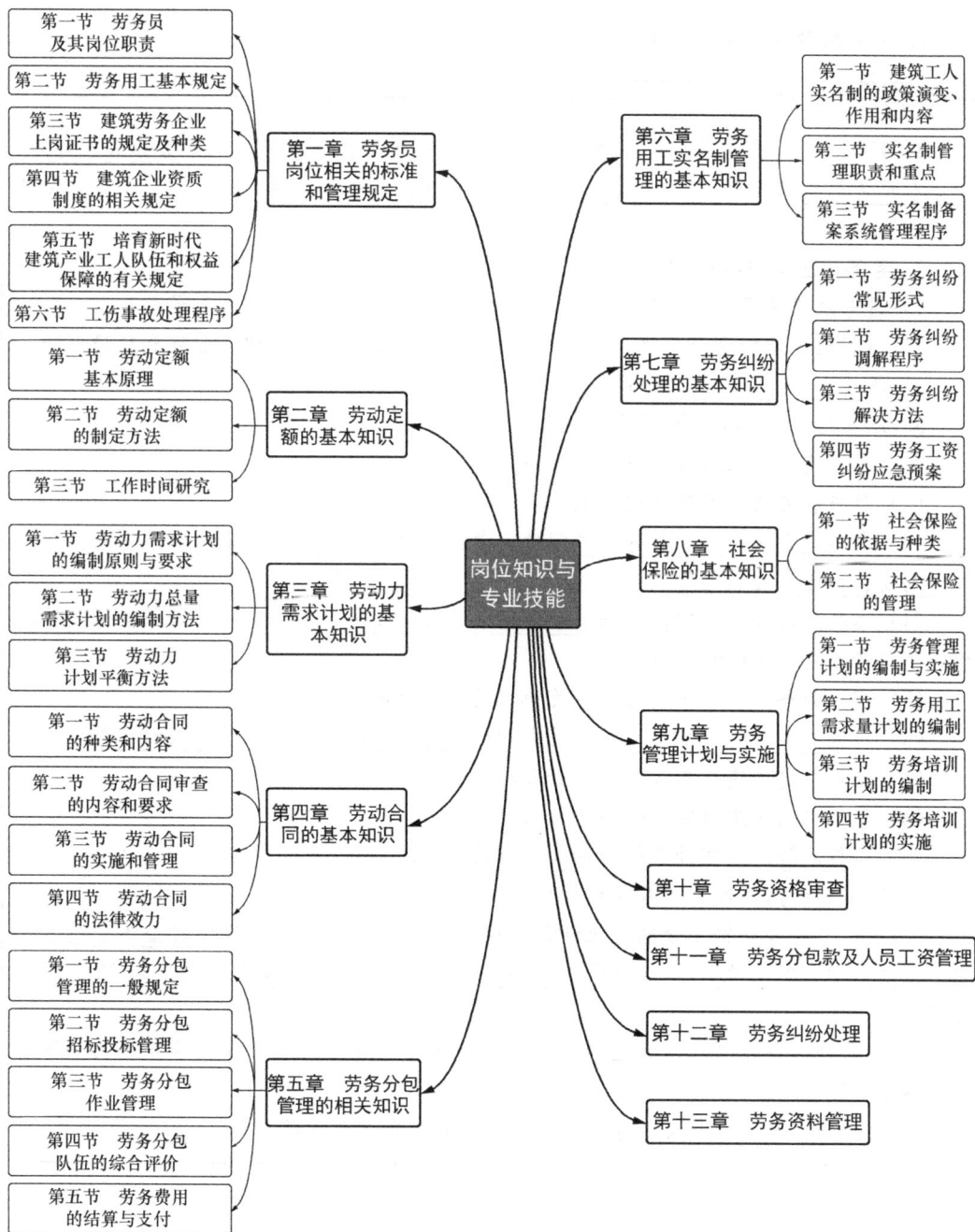

下 篇

岗位知识与专业技能

知识点导图

第一节 劳务员及其岗位职责

第二节 劳务用工基本规定

第三节 建筑劳务企业上岗证书的规定及种类

第四节 建筑企业资质制度的相关规定

第五节 培育新时代建筑产业工人队伍和权益保障的有关规定

第六节 工伤事故处理程序

第一章 劳务员岗位相关的标准和管理规定

第一节 劳动定额基本原理

第二节 劳动定额的制定方法

第三节 工作时间研究

第二章 劳动定额的基本知识

第一节 劳动力需求计划的编制原则与要求

第二节 劳动力总量需求计划的编制方法

第三节 劳动力计划平衡方法

第三章 劳动力需求计划的基本知识

第一节 劳动合同的种类和内容

第二节 劳动合同审查的内容和要求

第三节 劳动合同的实施和管理

第四节 劳动合同的法律效力

第四章 劳动合同的基本知识

第一节 劳务分包管理的一般规定

第二节 劳务分包招标投标管理

第三节 劳务分包作业管理

第四节 劳务分包队伍的综合评价

第五节 劳务费用的结算与支付

第五章 劳务分包管理的相关知识

岗位知识与专业技能

第六章 劳务用工实名制管理的基本知识

第一节 建筑工人实名制的政策演变、作用和内容

第二节 实名制管理职责和重点

第三节 实名制备案系统管理程序

第七章 劳务纠纷处理的基本知识

第一节 劳务纠纷常见形式

第二节 劳务纠纷调解程序

第三节 劳务纠纷解决方法

第四节 劳务工资纠纷应急预案

第八章 社会保险的基本知识

第一节 社会保险的依据与种类

第二节 社会保险的管理

第九章 劳务管理计划与实施

第一节 劳务管理计划的编制与实施

第二节 劳务用工需求量计划的编制

第三节 劳务培训计划的编制

第四节 劳务培训计划的实施

第十章 劳务资格审查

第十一章 劳务分包款及人员工资管理

第十二章 劳务纠纷处理

第十三章 劳务资料管理

第一章 劳务员岗位相关的标准和管理规定

第一节 劳务员及其岗位职责

考点1：劳务员及其岗位职责★

教材点睛 教材[①] P1~P2

1. 劳务员：指在房屋建筑与市政基础设施工程建设施工现场，从事劳务管理计划、劳务人员资格审查与培训、劳动合同与工资管理、劳务纠纷处理等工作的专业管理人员。

2. 劳务员应具备的职业素养

1) 遵守法律法规，讲求诚信。

2) 维护施工现场生产秩序。

3) 善于发现产生各类纠纷的不稳定因素。

4) 主动协商解决纠纷和矛盾。

5) 注重职业安全健康管理和环境保护。

3. 劳务员岗位职责应包括以下内容：

(1) 参与建立工程项目劳务管理体系。

(2) 参与制定项目劳务管理计划。

(3) 参与建立建筑工人教育培训制度、考勤制度、工资结算及发放制度、安全生产管理制度、社会保险缴纳管理制度等。

(4) 参与劳动合同管理，包括劳动合同的签订、变更、解除、终止及社会保险等工作，参与劳务分包合同的评审。

(5) 审核劳务分包队伍进场等相关协议的签订情况。

(6) 对施工现场的建筑工人实行动态管理，对进出场建筑工人信息及时跟踪。

(7) 监督或建立建筑工人个人考勤表和工资台账。

(8) 参与编制和组织实施劳务纠纷应急预案。

(9) 参与调解、处理劳务纠纷和工伤事故的善后工作。

(10) 编制和落实建筑工人培训计划。

(11) 参与对劳务作业分包企业进行考核评价，主要包括分包队伍的整体素质、工期、工程质量、安全生产、文明施工、环境保护、建筑工人工资支付、遵纪守法等情况。

(12) 监督劳务分包队伍的退场，对相关物资进行清算，协助办理劳务分包队伍退场时各项手续。

(13) 汇总、整理、移交劳务作业分包企业和建筑工人管理资料。

---

① 下篇涉及的教材，指《劳务员岗位知识与专业技能（第三版）》，请读者结合学习。

1.【判断题】项目劳务管理计划的编制，应由各劳务外包队伍的劳务员结合项目特点、工期、质量要求等条件分别编制计划。 （ ）

2.【判断题】劳务员应参与对劳务作业分包企业进行分包队伍的整体素质情况的关键性考核评价。 （ ）

3.【判断题】劳务员在日常工作中应关注可能影响工人人际关系的不稳定因素。

（ ）

4.【判断题】项目社会保险缴纳管理制度的编制不需要劳务员的参与；建筑工人教育培训制度的编制需要劳务员的参与。 （ ）

5.【单选题】以下情景中不属于劳务员工作范畴的是（   ）。

A. 核查现场动火许可证　　　　　　B. 核对班组工资发放情况

C. 核对进场材料合格证　　　　　　D. 进行班前安全教育

6.【单选题】劳务员的工作内容不包括（   ）。

A. 劳务人员资格审查　　　　　　　B. 劳务管理计划编制

C. 劳动合同与工资管理　　　　　　D. 工程技术资料管理

7.【单选题】劳务员参与对劳务作业分包企业进行考核评价的内容不包括（   ）。

A. 建筑工人工资支付情况　　　　　B. 分包队伍的整体素质情况

C. 参与抢险救灾情况　　　　　　　D. 文明施工情况

8.【多选题】劳务员应具备的职业素养不包括（   ）。

A. 遵守现场管理条例

B. 为未到场班组工人代签工资条

C. 督促工人对防尘呼吸器的佩戴和使用

D. 拒绝使用强度等级不明的混凝土

E. 调解工人之间的生活矛盾

9.【多选题】下列工作属于劳务员岗位职责的是（   ）。

A. 建立建筑工人个人考勤表和工资台账

B. 审核劳务班组进场等相关协议的签订情况

C. 参与制定项目劳务管理计划

D. 编制和落实班组负责人培训计划

E. 劳务分包队伍进退场对相关物资进行清算

【答案】1. ×；2. ×；3. √；4. ×；5. A；6. D；7. C；8. BD；9. ABC

第二节 劳务用工基本规定

考点 2：对劳务工人的规定 ★

教材点睛 教材 P2～P3

1. 年龄和身体条件

（1）从事建筑业施工现场劳动的劳务工人必须年满十六周岁以上，至国家规定的正常退休年龄以下；从事繁重体力劳动和接触有毒有害物质的劳务人员必须年满十八周岁以上。

（2）劳务工人必须身体健康，凡患有高血压、心脏病、贫血、慢性肝炎、癫痫（羊角风）等人员不宜从事建筑业的工作。

2. 劳务工人上岗前应接受岗位培训，包括： 基本技能和技术操作规程的培训、安全生产和工程质量常识培训、政策、法律法规知识培训、职业道德和城市生活常识培训。

3. 职业资格证书

根据特定职业的实际工作内容、特点、标准和规范等规定的技能水平确定等级，其等级分为初级工、中级工、高级工、技师和高级技师五级。从事特殊工种的人员，还必须经过专门培训并取得相应特种作业资格后才能上岗。

巩固练习

1.【判断题】我国职业资格等级分为学徒工、初级工、中级工、高级工、技师和高级技师。 （ ）

2.【判断题】超过国家规定的正常退休年龄的人员，可以从事建筑业的体力劳动务工。 （ ）

3.【单选题】特种作业人员必须要符合的条件中错误的是（ ）。

A. 年满 18 周岁，且不超过国家法定退休年龄

B. 无妨碍从事相应特种作业的疾病和生理缺陷

C. 具备必要的安全技能与技术知识

D. 具备初中肄业文凭

4.【单选题】劳务工人上岗前应接受的岗位培训不包括（ ）。

A. 基本技能和技术操作规程的培训　　　B. 安全生产和工程质量常识培训

C. 政策、法律法规知识培训　　　　　　D. 资金管理知识培训

5.【单选题】职业资格证书其等级划分不包括（ ）。

A. 中级工　　　　　　　　　　　　　　B. 初级工

C. 特级技师　　　　　　　　　　　　　D. 技师

6.【单选题】劳务工人上岗前接受的政策、法律法规知识培训不包括（ ）。

A. 《劳动法》   B. 《建设工程质量管理条例》

C. 《治安管理处罚法》   D. 《城乡规划法》

7.【多选题】以下哪些项目现场工作人员不可从事当前工作(　　)。

A. 具备健康证的现场食堂工作人员   B. 患有心脏病、高血压的门卫

C. 因骨质疏松骨折的钢筋工   D. 年满 16 周岁的电焊工

E. 患有胃炎的 58 岁女性电工

【答案】1. ×；2. ×；3. D；4. D；5. C；6. D；7. DE

考点 3：对劳务企业的规定 ★

教材点睛 教材 P3～P6

1. 资质要求

(1) 劳务企业应办理工商注册并取得《企业法人营业执照》。

(2) 劳务企业资质由审批制改为备案制，专业作业资质不分等级。企业完成备案手续并取得资质证书后，即可承接施工劳务作业。

2. 管理要求

(1) 劳务管理原则：遵守法律的原则；以人为本的原则；防范风险的原则。

(2) 劳务管理职责【P4】

(3) 劳务管理过程：启动过程→策划过程→实施过程→监控过程→收尾过程。

3. 人员要求

(1) 技能工人分为：一般技术工人和建筑施工特种作业人员。

1) 一般技术工人按工种分为砌筑工、钢筋工、模板工、混凝土工等。技术等级分为初级工、中级工、高级工、技师、高级技师。

2) 建筑施工特种作业人员包括建筑电工、建筑架子工、建筑起重信号司索工、建筑起重机械司机、建筑起重机械安装拆卸工、高处作业吊篮安装拆卸工等。

(2) 劳务分包企业以及专业作业企业除了配备相关工种的技能工人、特种作业人员、劳务普工之外，还应当配置劳务施工管理人员。

巩固练习

1.【判断题】某项目于 2021 年 11 月 30 日进行劳务单位招标，招标中要求劳务单位在进场后进行备案。 (　　)

2.【单选题】关于劳务企业申请办理备案，以下说法正确的是(　　)。

A. 项目中标后总承包企业应向项目所在地省区市住房和城乡建设主管部门申请办理备案手续

B. 项目中标后劳务企业应向企业注册地省区市住房和城乡建设主管部门申请办理备案手续

C. 项目中标后总承包企业应向项目所在地省区市住房和城乡建设主管部门申请办理

审批手续

D. 项目中标后劳务企业应向建设单位所在地省区市住房和城乡建设主管部门申请办理备案手续

3.【单选题】关于劳务企业资质管理的要求，以下说法正确的是(　　)。

A. 劳务企业应申请相应的专业资质等级

B. 劳务企业只要提供企业名称信息材料后方可备案

C. 备案部门应在 7 日内办理备案手续

D. 2021 年 6 月 29 日后施工劳务资质由审批制改为备案制

4.【单选题】以下劳务管理过程，排序正确的是(　　)。

① 策划过程；② 前期准备过程；③ 启动过程；④实施过程；⑤ 监控过程；⑥ 收尾过程

A.②③④⑤⑥　　　　　　　　　　B.①③④⑤⑥

C.②①③④⑥　　　　　　　　　　D.③①④⑤⑥

5.【单选题】以下关于建筑施工作业人员说法正确的是(　　)。

A. 技能工人分为一般技术工人和特种作业人员

B. 建筑施工特种作业人员不包含建筑电工

C. 劳务施工管理人员不包括技术管理人员

D. 建筑施工特种作业人员取得县级主管部门的资格证

6.【单选题】《关于开展施工现场技能工人配备标准制定工作的通知》提出，到 2035 年在建项目施工现场力争实现中级工、高级工及以上等级技能工人占技能工人比例的目标分别为(　　)。

A.30%，10%　　　　　　　　　　B.25%，15%

C.20%，10%　　　　　　　　　　D.15%，5%

7.【多选题】属于劳务管理原则的有(　　)。

A. 遵章守纪的原则　　　　　　　　B. 以人为本的原则

C. 防范风险的原则　　　　　　　　D. 风险管控的原则

E. 人性化管理的原则

【答案】1.×；2.B；3.D；4.D；5.A；6.A；7.BC

第三节　建筑劳务企业上岗证书的规定及种类

考点 4：建筑劳务企业上岗证书的规定及种类

教材点睛　教材 P6～P9

1. 持证上岗的制度规定

(1) 劳务分包企业必须配备的相应管理人员应 100% 持有国家相关部门颁发的管理岗位证书。

教材点晴 教材 P6～P9(续)

(2) 管理人员配备标准

1) 每个注册的劳务分包企业的<u>法人代表、劳务施工项目负责人、专职安全员</u>必须具有安全资格证书。

2) 施工队伍人数在百人以上的劳务分包企业，必须配备一名专职劳务员，<u>不足百人的可配备兼职管理人员，劳务员必须持有岗位资格证书</u>。

3) 一般技术工人、特种作业人员、劳务普工注册人员必须 100%持有相应工种的岗位证书。

4) 劳务分包企业中的初级工、中级工、高级工等均须取得相应资格证书。

2. 岗位证书的种类有： 管理人员岗位证书、职业技能岗位证书、特种作业人员操作证书、特种设备作业人员证书。

巩固练习

1.【判断题】某市政绿化项目现场需 105 人的施工队伍，由初中毕业的某施工员担任专职劳务员。 （　　）

2.【单选题】以下关于劳务企业上岗证书管理要求的说法正确的是（　　）。

A. 某劳务企业宣布，该公司所有劳务施工项目负责人、专职安全员必须具有安全资格证书后方可上岗

B. 某劳务企业为其雇佣的员工进行了初级、中级、高级工证书的评定后颁发了证书

C. 某劳务企业要求特种设备作业人员只能持住房和城乡建设部考试取得的特种设备作业人员证书后方可上岗

D. 某劳务企业要求其雇佣并注册的一般技术工人需 100%持有相应工种的岗位证书方可上岗

3.【单选题】当劳务队伍的总人数超过（　　）以上时，必须配备一名专职劳务员。

A. 100   B. 80

C. 50   D. 30

【答案】1. ×；2. D；3. A

第四节　建筑企业资质制度的相关规定

考点 5：建筑企业资质的分类

教材点晴 教材 P9～P10

法规依据：《建筑业企业资质管理规定》（中华人民共和国住房和城乡建设部令第22 号）

《建筑法》

《建设工程企业资质管理制度改革方案》(建市〔2020〕94 号)

1. 施工综合资质: 施工综合资质不分等级,可承担各行业、各等级施工总承包业务。

2. 施工总承包资质

(1) 施工总承包资质分为 13 类:建筑工程、公路工程、铁路工程、港口与航道工程、水利水电工程、电力工程、矿山工程、冶金工程、石油化工工程、市政公用工程、通信工程、机电工程、民航工程。

(2) 施工总承包资质等级分为甲、乙两级。

(3) 施工总承包甲级资质在本行业内承揽业务规模不受限制。

3. 专业承包资质

(1) 专业承包资质分为 18 类:建筑装修装饰工程、建筑机电工程、公路工程、港口与航道工程、铁路电务电气化工程、水利水电工程、地基基础工程、起重设备安装工程、预拌混凝土、模板脚手架、防水防腐保温工程、桥梁工程、隧道工程、消防设施工程、古建筑工程、输变电工程、核工程、通用工程。

(2) 专业承包资质等级原则上分为甲、乙两级。

(3) 预拌混凝土、模板脚手架、通用工程等部分专业承包资质不分等级。

4. 专业作业资质

(1) 将劳务企业资质调整为专业作业资质,由审批制改为备案制。

(2) 专业作业资质不分等级。

巩固练习

1. 【单选题】以下关于建筑企业资质等级的说法正确的是(　　)。

A. 劳务企业从事的是人力资源业务,不需要申请建筑企业资质

B. 专业作业资质等级原则上分为甲、乙两级

C. 专业作业资质申请是审批制

D. 劳务分包企业可承包模板脚手架、通用工程等部分简单的专业工程

2. 【单选题】以下专业工程大类中属于施工总承包资质的是(　　)。

①建筑工程;②核工程;③港口与航道工程;④电力工程;

⑤矿山工程;⑥石油化工工程;⑦隧道工程;⑧冶金工程;⑨水利水电工程

A.①③④⑤⑧⑨　　　　　　　　　　　　B.①③⑤⑥⑦⑨

C.①②④⑤⑧⑨　　　　　　　　　　　　D.①③④⑤⑧⑨

3. 【单选题】除预拌混凝土、模板脚手架、防水防腐保温工程、地基基础工程、消防设施工程以外,以下(　　)也属于专业总承包资质。

A. 通信工程　　　　　　　　　　　　　　B. 公路工程

C. 铁路工程　　　　　　　　　　　　　　D. 机电工程

4. 【单选题】以下关于建筑企业的说法正确的是(　　)。

A. 建筑业企业是指从事翻新、改建等施工活动的企业

B. 施工总承包资质分为一级、二级

C. 施工综合资质可承担各行业、各级施工总承包业务，且不分等级

D. 专业作业资质分为甲级、乙级

5.【单选题】以下关于建筑业企业资质的说法正确的是（　　）。

A. 劳务分包企业资质为施工劳务企业资质

B. 专业承包资质企业在本行业内承揽业务规模不受限制

C. 综合资质分为一级、二级

D. 工程监理资质分为综合资质、专业资质

6.【单选题】以下关于专业施工资质等级的说法正确的是（　　）。

A. 通用专业承包资质不分等级

B. 预拌混凝土专业承包分为甲级、乙级

C. 建筑机电工程资质为施工总承包资质

D. 通信工程施工资质为专业承包资质

【答案】1. C；2. D；3. B；4. B；5. D；6. A

第五节　培育新时代建筑产业工人队伍和权益保障的有关规定

考点6：住房和城乡建设部等12部门加快培育新时代建筑产业工人队伍的规定

> **教材点睛** 教材 P11～P14
>
> **1. 工作目标**
>
> （1）到2025年，符合建筑行业特点的用工方式基本建立，建筑工人实现公司化、专业化管理，建筑工人权益保障机制基本完善；建筑工人终身职业技能培训、考核评价体系基本健全，中级工以上建筑工人达1000万人以上。
>
> （2）到2035年，建筑工人就业高效、流动有序，职业技能培训、考核评价体系完善，建筑工人权益得到有效保障，获得感、幸福感、安全感充分增强，形成一支秉承劳模精神、劳动精神、工匠精神的知识型、技能型、创新型建筑工人大军。
>
> **2. 主要任务：**1）引导现有劳务企业转型发展。2）大力发展专业作业企业。3）鼓励建设建筑工人培育基地。4）加快自有建筑工人队伍建设。5）完善职业技能培训体系。6）建立技能导向的激励机制。7）加快推动信息化管理。8）健全保障薪酬支付的长效机制。9）规范建筑行业劳动用工制度。10）完善社会保险缴费机制。11）持续改善建筑工人生产生活环境。
>
> **3. 保障措施**
>
> 1）加强组织领导。2）发挥工会组织和社会组织积极作用。3）加大政策扶持和财税支持力度。4）大力弘扬劳模精神、劳动精神和工匠精神。

考点 7：《保障农民工工资支付条例》的相关规定

教材点睛 教材 P14～P19

1. **工资支付形式与周期**：第三条、第十条、第十一条、第十三条～第十五条。
2. **工资清偿**：第十九条～第二十二条。
3. **监督检查**：第三十八条、第四十一条、第四十二条、第四十八条～第五十条。
4. **法律责任**：第五十四条、第五十七条、第五十九条、第六十三条。

巩固练习

1.【判断题】用人单位应当按照工资支付周期编制书面工资支付台账，并至多保存3年。（　　）

2.【判断题】用人单位如遭遇疫情等不可抗力，致使经营困难未能在支付日期支付工资的，经协商一致的，可部分减免未支付工资或以实物抵扣。（　　）

3.【判断题】某施工总承包单位承建项目，在建设中因资金不足导致农民工工资拖欠。对施工总承包单位要求限期足额发放工资，限制其在当地参与民企投资项目投标。（　　）

4.【单选题】以下关于农民工工薪资支付的说法正确的是（　　）。

A. 经项目负责人批准，可以半年或一年为周期发放工资

B. 实行日薪制的项目，经批准可按月度发放工资

C. 项目竣工后，经劳资双方协商一致可用部分现场剩余建材抵扣农民工工资

D. 因资金不足导致工资无法足额发放时，应最迟于提供劳动的次期结束前足额补齐

5.【单选题】由县级以上地方人民政府建立的农民工工资支付监控预警平台，可与（　　）进行信息共享，并请求公安、检察院、法院等司法机关和其他单位共同处理。

A. 税务部门　　　　　　　　　　B. 人力资源社会保障行政部门

C. 住房城乡建设部门　　　　　　D. 财政及审计部门

6.【单选题】拖欠农民工工资，当事单位受到的限制中，描述不正确的是（　　）。

A. 在政府出资项目中受到融资贷款、评标优先、市场准入、税收优惠、交通出行等方面限制

B. 受到人力资源社会保障行政部门、相关行业工程建设主管部门和其他有关部门的行政处罚

C. 将欠薪行为记入信用记录，纳入国家信用信息系统进行公示

D. 在民企出资项目中受到融资贷款、评标优先、市场准入、税收优惠、交通出行等方面限制

7.【多选题】某项目建设过程中出现将工程违法分包给个人，并因拖欠农民工工资导致骚乱的情况，施工总承包可能会采取以下（　　）措施维护正当权益。

A. 由违法承包人进行拖欠工资的清偿

B. 由违法分包相关责任人进行拖欠工资的清偿

C. 由施工总承包单位进行拖欠工资的清偿

D. 在工资清偿后向违法承包人依法追偿

E. 由项目部进行拖欠工资的清偿

8.【多选题】A 施工单位经营不善，与 B 单位合并，在此过程中发生的农民工薪资拖欠问题应（　　）。

A. 由 A 单位清偿后再与 B 单位合并

B. 与 B 单位和新成立公司无关，只应向 A 单位追偿

C. 由 A 施工单位负责人进行清偿

D. 由 A 单位项目负责人进行清偿

E. 由合并完成后由新成立的公司进行清偿

9.【多选题】人力资源社会保障行政部门在日常监管农民工工资时可采取以下（　　）措施。

A. 对农民工合同、工资支付、实名制管理、工资支付保证金存储情况进行监督检查

B. 建立诚信档案对用人单位开展守法诚信等级评价

C. 联系公安、检察院、人民法院以取得工作配合

D. 对水电燃气供应、物业管理、信贷、税收等生产经营指标进行监控和预警

E. 联系市场监管、金融监管、税务等部门以取得工作配合

10.【多选题】人力资源社会保障行政部门在处理农民工工资拖欠案件时可采取以下（　　）措施。

A. 经相关部门负责人批准，对相关单位金融账户和相关当事人等情况依法查询

B. 调整诚信档案中对用人单位的诚信等级评价

C. 联系公安、检察院、人民法院以取得工作配合

D. 将事件相关责任人及单位列入失信联合惩戒名单并依法依规予以限制

E. 为请求支付工资的农民工提供便捷的法律援助

11.【多选题】以下（　　）行为会导致相关部门对单位处 2 万元以上 5 万元以下的罚款。

A. 以商票抵扣部分农民工薪资

B. 未编制工资支付台账

C. 未提供合规的金融机构保函作为工资支付担保

D. 未进行劳动用工实名制管理

E. 除进场日及撤场日外，由劳务企业保管农民工工资卡

【答案】1. ×；2. ×；3. ×；4. D；5. B；6. D；7. CD；8. AE；9. ABDE；10. ABCD；11. CD

考点 8：住房和城乡建设部对做好建筑工人就业服务和权益保障工作的要求

教材点睛 教材 P19～P20

法规依据：《关于进一步做好建筑工人就业服务和权益保障工作的通知》（建办市〔2022〕40 号）

1. 加强职业培训，提升建筑工人技能水平

（1）提升建筑工人专业知识和技能水平：推进建筑工人职业技能培训，鼓励采用多种形式办学模式，突出培训的针对性和实用性，提高一线操作人员的技能水平。引导建筑企业将技能水平与薪酬挂钩，实现技高者多得、多劳者多得。

（2）全面实施技能工人配备标准：按照《关于开展施工现场技能工人配备标准制定工作的通知》（建办市〔2021〕29 号）要求，将施工现场技能工人配备标准达标情况作为在建项目建筑市场及工程质量安全检查的重要内容，推动施工现场配足配齐技能工人，保障工程质量安全。

2. 加强岗位指引，促进建筑工人有序管理

（1）强化岗位风险分析和工作指引：引导建筑企业逐步建立建筑工人用工分类管理制度。

（2）积极拓宽就业渠道：为不适宜继续从事建筑活动的农民工，提供符合市场需求、易学易用的培训信息，开展有针对性的职业技能培训和就业指导。

3. 加强纾困解难，增加建筑工人就业岗位：依托以工代赈专项投资项目，在确保工程质量安全和符合进度要求等前提下，结合本地建筑工人务工需求，充分挖掘用工潜力，帮助建筑工人就近务工实现就业增收。

4. 加强安全教育，保障建筑工人合法权

（1）压实安全生产主体责任：督促建筑企业建立健全施工现场安全管理制度，严格落实安全生产主体责任，按规定进行建筑工人的安全生产教育培训，不断提高建筑工人的安全生产意识和技能水平，减少违规指挥、违章作业和违反劳动纪律等行为，有效遏制生产安全事故，保障建筑工人生命安全。

（2）改善建筑工人安全生产条件：督促建筑企业认真落实《建筑施工安全检查标准》JGJ 59—2011、《建设工程施工现场环境与卫生标准》JGJ 146—2013 等规范标准，落实好建筑工人参加工伤保险政策，进一步扩大工伤保险覆盖面。

（3）持续规范建筑市场秩序：依法加强行业监管，严厉打击转包挂靠等违法违规行为，持续规范建筑市场秩序。用好工程建设领域工资专用账户、农民工工资保证金、维权信息公示等政策措施，保证农民工工资支付，维护建筑工人合法权益。

考点 9：相关法律法规对涉及劳动者权益保障的规定【P20～P22】

巩固练习

1.【单选题】以下关于劳动者权益的说法错误的是（　　）。

A. 用人单位应为从事有职业危害作业的劳动者定期安排健康检查

B. 用人单位应依据相关规定为劳动者提供必要的劳动防护用具

C. 用人单位应给劳动者创造符合国家规定的劳动安全卫生条件

D. 劳动者不得通过参加或组织工会就劳动保护、劳动报酬等问题与用人单位协商

2.【单选题】劳动者被辞退，下列做法正确的是（　　）。

A. 劳动者因提供虚假身份证明文件，现场管理人员将其辞退

B. 劳动者因现场起吊重物作业中无人指挥拒绝作业，现场管理人员将其辞退

C. 劳动者因现场未设置安全绑带拒绝作业，现场管理人员将其辞退

D. 劳动者因用人单位未为其缴纳社会保险，现场管理人员将其辞退

3.【单选题】某公司为劳动者准备的劳动合同中，对工伤处理的条款为："劳动者已明确知晓本工作危险性，并充分做好了相关防护准备，一旦受伤所有后果自行承担"。下列关于该条款的说法正确的是（　　）。

A. 该条款有效，用人单位和劳动者作为完全民事行为主体和个人，应对各自行为负责

B. 该条款存在瑕疵，未明确发生死亡事故的处理方案

C. 该条款存在瑕疵，用人单位负有一定的现场救治和送医义务

D. 该条款无效，用工期间发生的人身意外伤害为工伤，用人单位应对此负责

4.【单选题】劳务员在审查劳动合同时，以下（　　）不是必须着重审查的条款。

A. 社会保险、劳动报酬

B. 劳动保护、劳动条件和职业危害防护

C. 劳动者姓名住址及身份证号

D. 节假日福利条款

5.【多选题】以下关于工资支付的说法错误的是（　　）。

A. 用人单位应足额按时发放劳动报酬，并为劳动者支付加班费

B. 劳动合同中劳动报酬低于当地最低工资水平的，用人单位应支付其差额部分

C. 对因工作表现不良的员工无需支付额外补偿及当月工资，可即刻辞退

D. 劳动者因工作表现不良，用人单位可单方面酌情扣除其劳动薪资

E. 夏季户外劳动者劳动报酬中应含高温作业补助

【答案】1. D；2. A；3. D；4. D；5. CD

第六节 工伤事故处理程序

考点10：工伤与伤亡事故分类、认定及工伤保险★

> **教材点睛** 教材 P22～P28

1. 伤亡事故分类

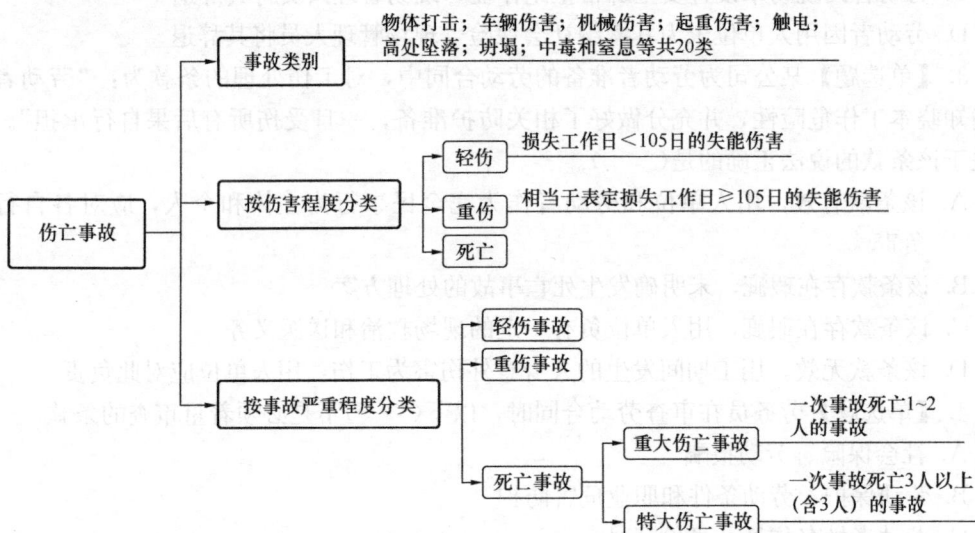

```
                                           物体打击；车辆伤害；机械伤害；起重伤害；触电；
                        事故类别 ————————— 高处坠落；坍塌；中毒和窒息等共20类

                                     ┌── 轻伤 ── 损失工作日＜105日的失能伤害
  伤亡事故 ── 按伤害程度分类 ──┼── 重伤 ── 相当于表定损失工作日≥105日的失能伤害
                                     └── 死亡

                                     ┌── 轻伤事故
                                     ├── 重伤事故
                                     │                        ┌── 重大伤亡事故 ── 一次事故死亡1~2
             按事故严重程度分类 ──┤                        │                    人的事故
                                     └── 死亡事故 ──┤
                                                              └── 特大伤亡事故 ── 一次事故死亡3人以上
                                                                                    （含3人）的事故
```

2. 工伤主要类型：按照《工伤保险条例》第十四条的规定分类【P23】

3. 视同工伤的情形：①在工作时间和工作岗位，突发疾病或在48小时之内经抢救无效死亡；②抢险救灾等维护国家利益、公共利益活动中受到伤害；③有革命伤残军人证的职工，到用人单位后旧伤复发。

4. 不得认定为工伤或视同工伤的情形：①因违法犯罪伤亡；②醉酒导致伤亡；③自残或者自杀。

5. 工伤认定主体：①职工所在单位；②职工或其直系亲属；③单位的工会组织。

6. 工伤认定的条件：工作时间、工作场所和工作原因。【P24】

7. 工伤认定所需的材料及办理程序【P24～P25】

8. 工伤认定行政案件注意事项：时效问题；尽量与用人方订立书面合同；复议前置。

9. 工伤保险与商业保险的区别：目的不同；保险对象不同；实施方式不同（工伤保险属于强制保险）。

10. 停止享受工伤保险待遇的情况：丧失享受待遇条件的；拒不接受劳动能力鉴定的；拒绝治疗的。

11. 我国工伤保险的范围：《工伤保险条例》第二条"中华人民共和国境内的各类企业、有雇工的个体工商户应当依照本条例规定参加工伤保险。"

12. 劳动能力鉴定【P27～P28】

1.【判断题】在工作时间和工作岗位，突发疾病或在 48 小时之内经抢救无效死亡应视同工伤。 （　　）

2.【单选题】以下事故属于重大伤亡事故的是（　　）。

A. 工伤事故十人轻伤

B. 工伤事故六人重伤，35 日后一人死亡

C. 火灾事故无人死亡，四人重伤

D. 工伤事故一人死亡，四人重伤，八人轻伤

3.【单选题】以下情况可享受工伤待遇的是（　　）。

A. 在办公室因低血糖晕倒后送医治疗

B. 患有高血压而住院治疗

C. 休息日外出时遭遇车祸

D. 出差期间在施工现场因高空坠物受伤

4.【多选题】以下情况不得享受工伤待遇的是（　　）。

A. 在施工现场因个人纠纷而打架住院

B. 在施工现场醉酒后失足跌落

C. 与正在执法的公职人员发生肢体冲突，进而受伤

D. 为获得保险赔偿而故意切破手指

E. 因防护栏杆断裂而失足跌落

5.【多选题】某职工在施工现场因遭遇伤害需卧床休息 108 日，该员工就此向用人单位提请工伤认定，用人单位认为系其个人操作失误导致，拒绝了工伤认定申请。以下说法正确的是（　　）。

A. 该员工伤情已达到轻伤级别

B. 该员工伤情已达到重伤级别

C. 用人单位做法恰当

D. 用人单位做法不恰当，应配合工伤认定

E. 该员工可提请工会组织进行工伤认定

6.【多选题】以下工伤认定材料中，非必需项是（　　）。

A.《工伤认定申请表》

B. 因交通事故遭遇工伤时，肇事车辆照片及保险记录

C. 申请者身份证复印件

D. 劳动合同复印件、打卡出勤记录

E. 申请者历年医保参保记录

【答案】1. √；2. D；3. D；4. ABCD；5. BDE；6. BE

考点 11：现场急救及保护、工伤事故报告、调查与处理●

教材点睛 | 教材 P28～P35

1. 抢救伤员与保护现场

（1）常见工伤事故：烧伤；高温中暑；中毒、窒息；井下冒顶；触电；溺水；高处坠物砸伤等。

（2）常见工伤事故抢救伤员的方法【P28～P31】

（3）保护现场方法：事故现场不予搬动；制作现场图及照片；寻找现场目击证人，并留下证人资料。

2. 工伤事故报告

（1）事故报告程序：事故发生后，现场有关人员应当立即向本单位负责人报告；单位负责人接到报告后，应当于 1 小时内向事故发生地县级以上人民政府安全生产监督管理部门和负有安全生产监督管理职责的有关部门报告。情况紧急时，可直接向事故发生地县级以上人民政府安全生产监督管理部门和负有安全生产监督管理职责的有关部门报告。

（2）事故报告内容：①事故发生单位概况；②事故发生的时间、地点以及事故现场情况；③事故的简要经过；④事故已经造成或者可能造成的伤亡人数；⑤已经采取的措施；⑥其他应当报告的情况。

3. 工伤事故调查与处理【P32～P34】

（1）事故调查程序：保护现场→物证搜集→事故事实材料的搜集→证人材料搜集→现场摄影。

（2）事故分析步骤：整理和阅读调查材料；全面、详细地分析事故原因；确定事故的直接原因；确定事故的间接原因；确定事故的责任者。

4. 事故结案归档材料的要求【P34～P35】

5. 工伤事故的调查方法：成立职工伤亡事故调查组；保护好现场；详细了解工伤事故发生经过；实施现场勘查；做好现场勘查记录；做好现场勘查资料归类分析，报告处理。

6. 工伤事故的结案与处理

（1）事故调查组提出事故处理意见和整改、防范措施建议，由发生事故的企业及其主管部门负责处理。

（2）忽视安全生产、违章指挥、违章作业、玩忽职守或发现事故隐患、危害情况不采取有效措施以致造成伤亡事故的，应对企业负责人或直接责任人员给予行政处分；构成犯罪的，由司法机关依法追究刑事责任。

（3）发生伤亡事故隐瞒不报、谎报、故意迟延、破坏事故现场，或拒绝接受调查及拒绝提供有关情况和资料的，应对单位负责人和直接责任人员给予行政处分；构成犯罪的，由司法机关依法追究刑事责任。

（4）伤亡事故处理工作应在 90 日内结案，特殊情况不得超过 180 日。结案后，应当公布处理结果。

1.【判断题】伤亡事故处理工作应在 60 日内结案，特殊情况不得超过 180 日。

（　　）

2.【单选题】以下关于工伤事故描述正确的是（　　）。

A. 事故发生后现场人员不得对外透露事故情况，直至项目经理允许

B. 事故发生后现场有关人员需立即向本单位负责人报告，并逐级上报

C. 事故伤亡人员不得外出送医，以减小影响

D. 单位负责人应在事故发生后 2 小时内向事故发生地县级以上人民政府及相关部门报告

3.【单选题】以下属于事故结案归档材料的是（　　）。

A. 职工劳动合同　　　　　　　　　B. 职工社保（医保）缴纳证明

C. 直接或间接经济损失材料　　　　D. 救援过程记录

4.【单选题】抢救症状较轻的触电伤员的方法是（　　）。

A. 就地平躺，暂时不要站立或走动　　B. 立即对伤员进行人工呼吸

C. 立即做胸外心脏按压　　　　　　　D. 针刺人中，给予呼吸兴奋剂

5.【多选题】以下选项属于事故报告内容的是（　　）。

A. 事故发生单位概况

B. 伤亡者就医的医院地址及联系电话

C. 事故造成的间接经济损失

D. 事故处理所需救援器材清单

E. 事故已经及可能造成的伤亡人数

6.【多选题】以下关于工伤事故结案与处理做法正确的是（　　）。

A. 工伤事故调查报告中应对事故直接责任人提出责任追究

B. 对与事故有关安全生产事项负有审查批准和监督职责的行政部门提出责任追究

C. 伤亡事故处理结案时限一般情况下不超过 90 日

D. 结合安全生产责任制的规定，分清事故的直接责任者、主要责任者和领导责任者

E. 对拒绝提供有关情况和资料的相关责任人和单位都应追究刑事责任

【答案】1. ×；2. B；3. C；4. A；5. AE；6. BCD

第二章　劳动定额的基本知识

第一节　劳动定额基本原理

考点 12：劳动定额基本原理●

教材点睛　教材 P36～P37

1. 劳动定额（人工定额）：是在正常的施工（生产）技术组织条件下，为完成一定量的合格产品或完成一定量的工作所必需的劳动消耗量的标准。

2. 劳动定额的表达形式：分为时间定额和产量定额两种；按定额标定的对象不同，劳动定额又分为单项工序定额、综合定额。

(1) 时间定额：单位产品时间定额（工日）＝1÷每日产量

或单位产品时间定额（工日）＝小组成员工日数的总和÷台班产量

(2) 产量定额：每工产量＝1÷单位产品时间定额（工日）

或台班产量＝小组成员工日数的总和÷单位产品的时间定额（工日）

(3) 时间定额与产量定额互为倒数，成反比例关系。

(4) 综合定额：综合时间定额（工日）＝各单项（工序）时间定额的总和

综合产量定额＝1÷综合时间定额（工日）

巩固练习

1.【判断题】时间定额与产量定额成正比例关系。　　　　　　　　　　　　（　　）

2.【判断题】劳动定额是在正常的施工技术组织条件下，为完成一定量的合格产品或完成一定量的工作所必需的劳动消耗量的标准。　　　　　　　　　　　　　　（　　）

3.【单选题】劳动定额的中时间定额与产量定额的关系是（　　）。

A. 正比关系　　　　　B. 反比关系　　　　　C. 不相关　　　　　D. 互为倒数

4.【单选题】产量定额是指在一定的生产技术和生产组织条件下，某工种、某种技术等级的工人小组或个人（　　）。

A. 在单位时间内（工日）应完成合格产品的所需人工数

B. 完成一定数量产品的所需工作时间

C. 在单位时间内（工日）应完成合格产品的数量

D. 完成合格产品的所需工作时间

5.【单选题】属于劳动定额的表达形式的是（　　）。

A. 概算定额　　　　　　　　　　　　B. 时间定额和产量定额

C. 企业定额　　　　　　　　　　　　D. 预算定额

6.【多选题】按定额标定的对象不同，劳动定额分为（　　）。

A. 时间定额 　　　　　　　　　　B. 单项工序定额

C. 产量定额 　　　　　　　　　　D. 综合定额

E. 台班定额

【答案】1. ×；2. √；3. D；4. C；5. B；6. BD

第二节　劳动定额的制定方法

考点 13：劳动定额的制定方法●

教材点睛　教材 P37～P41

1. 劳动定额制定常用方法：经验估工法、统计分析法、比较类推法和技术测定法。【图 2-1，P38】

2. 经验估工法：具有制定定额工作过程较短，工作量较小，省时，简便易行的特点；但其准确程度取决于参加评估人员的经验，有一定的局限性；适用于产品品种多，批量小，不易计算工作量的施工（生产）作业。

3. 统计分析法：制定定额工作过程简便易行，较经验估工法有较多的原始资料，更能反映实际施工水平；适合于施工（生产）条件正常、产品稳定、批量大、统计工作制度健全的施工（生产）过程。

4. 比较类推法：方法简便、工作量小；适用产品品种多、批量小的施工（生产）过程。常用方法有比例数示法和坐标图示法。

5. 技术测定法

（1）技术测定法的基本程序：预先研究施工过程，拟定施工过程的技术组织条件，选择观察对象，进行计时观察，拟定和编制定额。同时注意与比较类推法、统计分析法、经验估工法的结合使用。

（2）根据施工过程的特点和技术测定的目的、对象和方法的不同，技术测定法又分为测时法、写实记录法、工作日写实法和简易测定法等四种。

巩固练习

1.【判断题】技术测定法中写实记录法按记录时间的方法不同分为数示法、坐标图示法和混合法三种。（　　）

2.【判断题】比较类推法常用方法有比例数示法和坐标图示法。（　　）

3.【单选题】用经验估工法确定某一个施工过程单位合格产品工时消耗，通过座谈讨论估计出了三种不同的工时消耗，分别是 0.3、0.5、0.65，根据统筹法原理，进行优化确定出平均先进的定额时间是（　　）。

A. 0.3 　　　　　　　B. 0.49 　　　　　　　C. 0.27 　　　　　　　D. 0.61

4. 【单选题】选一类土上口宽1.5m以内地槽为典型项目，经测定其时间定额为0.23工日，又知挖二类土用工是挖一类土用工的1.1倍，试计算出挖二类土，上口宽1.2m以内地槽的时间定额为(　　)。

A. 0.45　　　　　　　B. 1.1　　　　　　　C. 0.253　　　　　　　D. 0.87

5. 【单选题】关于劳动定额制定的比较类推法的说法不正确的是(　　)。

A. 方法简便　　　　　　　　　　　B. 工作量小

C. 适用批量大的施工过程　　　　　D. 适用产品品种多的施工过程

6. 【多选题】劳动定额制定常用方法包括(　　)。

A. 矩阵求解法　　　　　　　　　　B. 经验估工法

C. 技术测定法　　　　　　　　　　D. 统计分析法

E. 比较类推法

【答案】1.×；2.√；3.B；4.C；5.C；6.BCDE

第三节　工作时间研究

考点14：工作时间及施工过程研究

教材点睛　教材 P41~P44

1. 工作时间研究

(1) 时间研究用于测量完成一项工作所必需的时间，以便建立在一定生产条件下的工人或机械的产量标准。

(2) 时间研究的作用：①确定合适的人员或机械的配置水平，组织均衡生产；②制定机械利用和生产成果完成标准；③为制定金钱奖励目标提供依据；④确定标准的生产目标，为费用控制提供依据；⑤检查劳动效率和定额的完成情况；⑥作为优化施工方案的依据。

2. 施工过程研究

(1) 施工过程分类

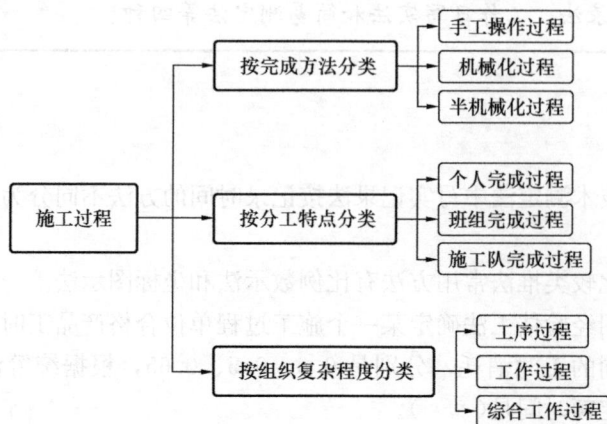

```
                                    ┌─ 手工操作过程
                    ┌─ 按完成方法分类 ├─ 机械化过程
                    │                └─ 半机械化过程
                    │
                    │                ┌─ 个人完成过程
        施工过程 ──────┼─ 按分工特点分类 ├─ 班组完成过程
                    │                └─ 施工队完成过程
                    │
                    │                  ┌─ 工序过程
                    └─ 按组织复杂程度分类 ├─ 工作过程
                                       └─ 综合工作过程
```

（2）施工中工人工作时间的分类

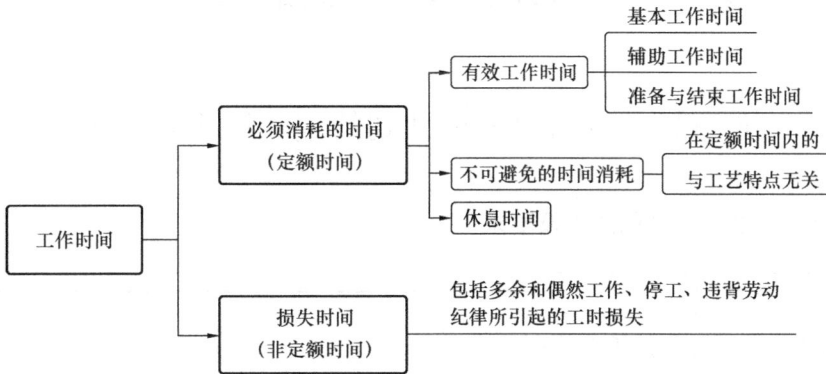

工作时间
- 必须消耗的时间（定额时间）
  - 有效工作时间
    - 基本工作时间
    - 辅助工作时间
    - 准备与结束工作时间
  - 不可避免的时间消耗
    - 在定额时间内的
    - 与工艺特点无关
  - 休息时间
- 损失时间（非定额时间）
  - 包括多余和偶然工作、停工、违背劳动纪律所引起的工时损失

巩固练习

1.【判断题】基本工作时间的长短与工作量的大小成反比。　　　　　　（　　）

2.【判断题】违背劳动纪律造成的工作时间损失，这类时间在定额中也应考虑。

（　　）

3.【单选题】时间研究是在一定的标准测定条件下，确定人们完成作业活动所需时间总量的一套（　　）。

A. 动作和方法　　　　B. 程序和方法　　　　C. 流程和定额　　　　D. 数据统计表

4.【单选题】工人在工作班内消耗的工作时间，按其消耗的性质可以分为（　　）。

A. 定额时间和休息时间　　　　　　　B. 有效时间和损失时间

C. 必须消耗的时间和中断时间　　　　D. 必须消耗的时间和损失时间

5.【单选题】有效工作时间包括基本工作时间、辅助工作时间和（　　）。

A. 必要的休息时间　　　　　　　　　B. 准备与结束工作时间

C. 不可避免的中断时间　　　　　　　D. 偶然的损失时间

6.【单选题】以下对于损失时间的描述正确的是（　　）。

A. 通过组织管理优化损失时间是不可避免的

B. 损失时间是指因工人休息而损失的时间

C. 损失时间是可通过对施工质量提升、优化施工工序等手段进行缩减

D. 损失时间中应考虑工人因迟到早退造成的时间损失

7.【多选题】工作时间的组成有（　　）。

A. 必要消耗时间　　　　　　　　　　B. 基本工作时间

C. 辅助工作时间　　　　　　　　　　D. 准备与结束工作时间

E. 损失时间

【答案】1. √；2. ×；3. B；4. D；5. B；6. C；7. AE

第三章　劳动力需求计划的基本知识

第一节　劳动力需求计划的编制原则与要求

考点 15：劳动力需求计划的原则及要求

教材点睛 | 教材 P45

1. 劳动力需求计划的编制原则

（1）控制人工成本，实现企业劳动力资源的市场化优化配置。

（2）符合企业（项目）施工组织设计和整体进度要求。

（3）根据企业需要遴选专业分包、劳务分包队伍，提供合格劳动力，保证工程进度及工程质量、安全生产。

（4）依据国家及地方政府的法律法规对分包企业的履约及用工行为实施监督管理。

2. 劳动力需求计划的编制要求

（1）要准确计算工程量和施工期限。

（2）根据工程的实物量和定额标准分析劳动力需用总工日，确定生产工人、工程技术人员的数量和比例，以便对现有人员进行调整、组织、培训，以保证现场施工的劳动力供给。

（3）要保持劳动力均衡使用。

巩固练习

1.【判断题】劳动力需求计划编制中应根据工程实物量和技术难度调整技术人员数量及比例。　　　　　　　　　　　　　　　　　　　　　　　　　　　　　　（　　）

2.【判断题】工程量越准确，工期越合理，劳动力使用计划越准确。　　　　（　　）

3.【单选题】对劳动力需求计划的编制原则描述正确的是（　　）。

A. 符合企业（项目）施工技术要求和成本控制要求

B. 依据国家及地方政府的法律法规对分包企业的履约实施监督管理

C. 控制分阶段成本，实现企业人工、机械资源的市场化优化配置

D. 根据需要遴选分包队伍，提供合格劳动力，保证工程进度及工程质量、安全生产

4.【单选题】以下对劳动力需求计划的编制时质量低劣造成的后果描述正确的是（　　）。

A. 会对施工质量造成不良影响

B. 会对工程验收造成不良影响

C. 会对工程安全管理造成不良影响

D. 会造成劳动力的均衡使用造成不良影响

【答案】1. ×；2. √；3. D；4. C

第二节　劳动力总量需求计划的编制方法

考点16：劳动力投入量的计算●

教材点睛 教材 P45～P47

1. 劳动力总量需求计划的编制程序：

确定劳动效率→确定劳动投入总工时→确定劳动力投入量→劳动力需求计划的编制。

2. 劳动力总量需求计划的编制方法： 经验比较法、分项综合系数法、概算定额法。

巩固练习

1.【判断题】在采用概算定额法编制劳动力需求量计划时，如本项目资料较少无法评估时，可参考同等规模项目中产值人工系数进行编制。　　　　　　　　　（　　）

2.【判断题】劳动力需求计划编制中应考虑各个班组混合后共同承担工作任务时，受设备能力、班组间配合及当地地质气候的影响。　　　　　　　　　　　　（　　）

3.【单选题】某钢筋工程需要在 15d 内加制作 5400t 钢筋，钢筋制作工效为 6t/每人·工作日，每天一个班次。钢筋制作需要投入的工人数量是（　　）。

A. 57
B. 45
C. 55.55
D. 60

4.【单选题】某主体结构工程施工工期为 240d，预计总用工为 10 万个工日，每天安排 1.8 个班次（加班），每个班次工作时间为 8 个小时，则该工程需要投入（　　）个工人。

A. 23.2
B. 23.1
C. 24
D. 23

5.【单选题】劳动力总量需求计划的编制程序不包括（　　）。

A. 确定劳动效率
B. 确定劳动力投入量
C. 确定劳动总产量
D. 编制劳动力需求计划

6.【多选题】下列各项中，属于劳动力总量需求计划编制方法的是（　　）。

A. 技术测定法
B. 统计分析法
C. 经验比较法
D. 分项综合系数法
E. 概算定额法

【答案】1. ×；2. ×；3. D；4. C；5. A；6. CDE

第三节　劳动力计划平衡方法

考点 17：劳动力负荷曲线的绘制

教材点睛　教材 P47～P48

1. 劳动力负荷曲线

（1）劳动力负荷曲线：是表达资源耗用规律的函数曲线。

（2）制订劳动力负荷曲线的原始条件：施工项目的工程范围、工作规范、工程设计、施工图设计；施工项目所在地区环境条件；项目的分部、分项工程量；项目总体施工统筹计划；设备材料的交货方式、交货时间、供货状态等。

（3）劳动力负荷曲线的绘制方法：类比法；标准（典型）曲线法。

2. 劳动力计划平衡的关键

（1）要具体反映出各月、各工种的需求人数，并逐月累计投入的总人数、高峰人数、高峰持续时间、高峰系数、总施工周期。

（2）要编制企业月度需求的各工种总计划人数，及分部分项施工项目的月度使用劳动力总人数等。

（3）劳动力计划用表格的形式表达。按工种分别计算，汇总制表。

巩固练习

1.【判断题】劳动力负荷曲线绘制如采用类比法时应对比已有的同类工程标准（典型）劳动力负荷曲线进行成果校准。　　　　　　　　　　　　　　　　　（　　）

2.【单选题】绘制劳动力负荷曲线的前提条件中，包含施工项目的施工图设计；施工项目所在地区的环境条件；项目的分部、分项工程量；项目总体施工统筹计划及（　　）。

①项目所在地地勘情况；②设备材料的交货方式；③工程范围；④工程设计；⑤交货地点；⑥工作规范；⑦供货状态；⑧当地劳动力供求关系

A. ①②③④⑧　　　　　　　　　　　　B. ①⑤④⑥⑧

C. ①③⑤④⑧　　　　　　　　　　　　D. ②③④⑥⑦

3.【多选题】劳动力计划要具体反映出（　　）。

A. 各月的需求人数　　　　　　　　　　B. 各工种的需求人数

C. 逐月累计投入的总人数　　　　　　　D. 高峰持续时间

E. 低峰系数

【答案】1. ×；2. D；3. ABCD

第四章　劳动合同的基本知识

第一节　劳动合同的种类和内容

考点 18：劳动合同的种类、格式、条款★

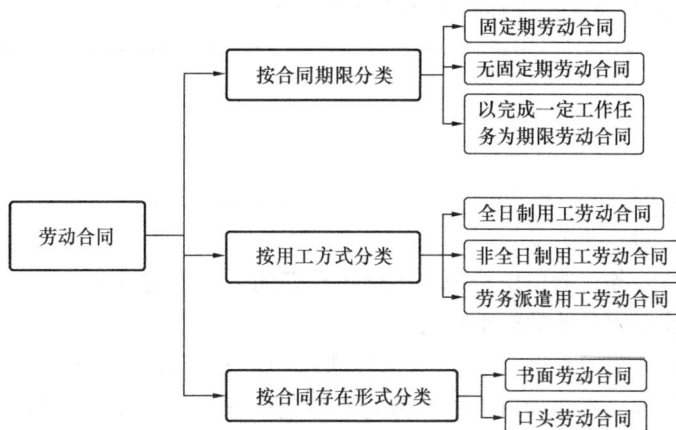

教材点睛 教材 P49～P56

法规依据：《劳动合同法》《民法典》《劳动法》

1. 劳动合同的种类

```
                    ┌── 按合同期限分类 ──┬── 固定期劳动合同
                    │                  ├── 无固定期劳动合同
                    │                  └── 以完成一定工作任
                    │                      务为期限劳动合同
劳动合同 ───────────┼── 按用工方式分类 ──┬── 全日制用工劳动合同
                    │                  ├── 非全日制用工劳动合同
                    │                  └── 劳务派遣用工劳动合同
                    │
                    └── 按合同存在形式分类 ─┬── 书面劳动合同
                                         └── 口头劳动合同
```

2. 劳动合同的特征：国家干预下的当事人意思自治；合同双方当事人强弱对比悬殊；劳动合同具有人身性；劳动合同同时具有平等性和隶属性。

3. 劳动合同的格式与必备条款

（1）劳动合同的格式：采用格式条款订立合同。

（2）劳动合同的必备条款：劳动合同期限和试用期限；工作内容和工作时间；劳动报酬和保险、福利待遇；生产条件或工作条件；劳动纪律和政治待遇；劳动合同的变更和解除等。

4. 劳动合同的其他条款及当事人约定事项

（1）劳动合同的其他必备条款：保守商业秘密的条款；专业技术培训的规定。

（2）当事人约定的其他事项：约定的内容不得违背法律的有关规定。

5. 劳动合同的变更、解除及违约责任

（1）劳动合同的变更

1）变更劳动合同，应当采用书面形式。变更后的劳动合同文本由用人单位和劳动者各执一份。

2）变更劳动合同时，一般经过以下三个程序：①提出要求；②做出答复；③签订协议。

（2）劳动合同的解除

1）双方当事人协商解除劳动合同（《劳动法》第二十四条、《劳动合同法》第三十六条规定）

2）用人单位提前解除劳动合同（《劳动法》第二十五条、第二十六条，《劳动合同法》第三十九条、第四十条）

3）劳动者提前解除劳动合同（《劳动法》第三十一条、三十二条和《劳动合同法》第三十七条、三十八条）

4）劳动合同自行解除：根据我国有关劳动法法规的规定，劳动者被除名、开除、劳动教养以及被判刑的，劳动合同自行解除。

（3）违约责任包括行政责任、经济责任和刑事责任三种。

巩固练习

1.【判断题】按劳动合同期限划分，劳动合同分为固定期限、无固定期限和以完成一定工作任务为期限的三种劳动合同。 （ ）

2.【判断题】劳务派遣单位跨地区派遣劳动者的，被派遣劳动者享有的劳动报酬和劳动条件，按照原单位所在地的标准执行。 （ ）

3.【单选题】某公司在劳动合同中与劳动者约定，每月工作日为 25 天，每日 10 小时，薪资为固定薪酬，不计加班工资。劳动者在工作三个月后认为不妥向劳动仲裁部门提起仲裁。劳动者的做法（ ）。

A. 正确，劳动者认为自身权利受损时可提起仲裁

B. 错误，劳动者此举为违约行为

C. 正确，因违反了劳动合同特征中的国家干预下的当事人意思自治

D. 错误，劳动合同的签订表示了劳动者对工作时间的认可

4.【单选题】某公司与全日制劳动者口头约定了薪资待遇及工作时间后双方发生劳动争议则（ ）。

A. 口头协议如有有效录音可作为双方真实意思表达的证据，应以此为劳动争议判断的依据

B. 口头协议即便有录音也应以是否签订书面劳动合同为准，作为劳动争议判断的依据

C. 因双方不存在书面劳动合同，双方不存在劳动关系

D. 因双方劳动关系无书面证明，不存在发生劳动争议的前提条件

5.【单选题】某企业在未经相关主管部门备案的前提下，新修改的企业标准劳动合同中约定：公司可根据劳动者表现、公司业务需要、领导决策等因素变动劳动者工作内容、薪资待遇。该条款（ ）。

A. 无效，因该劳动合同未经相关主管部门备案

B. 无效，因该条款违背了劳动法相关规定

C. 有效，待劳动者签字并经相关劳动部门备案后该合同即可生效

D. 有效，已经明确告知了劳动者公司规定，保证了劳动合同的公平公正

6.【单选题】某员工与企业在劳动合同中约定：合同存续期间被依法追究刑事责任的，劳动合同自动解除。后该员工因醉酒驾驶被当地派出所拘留，企业得知此事后（   ）。

A. 公司不可无责解除劳动合同

B. 公司可无责解除劳动合同

C. 该条款违背了劳动法规定

D. 公司可在拿到拘留通知后无责解除与该员工劳动合同

7.【单选题】某员工在 A 公司担任白班工作，在 B 公司担任夜班工作。A 公司领导得知后认为影响了公司日常工作解除了与该员工的劳动合同。下列说法错误的是（   ）。

A. 员工因严重违反用人单位规章制度的，允许用人单位无责解除合同

B. 员工在不影响完成先订立劳动合同的 A 公司工作的前提下，与 B 公司签订劳动合同时，A 公司不得就此单方面解除与该员工的劳动合同

C. 公司应在足额发放该员工未结清工资后解除劳动合同

D. 该员工在 A 公司下班后步行前往 B 公司时发生交通意外，不属于 A 公司的工伤赔偿范围

8.【多选题】某单位在经营中为节约人力成本，决定辞退全部原有全日制劳动者，采用劳动派遣用工＋非全日制用工的组合模式完成原有工作。并与劳动者口头约定：每日工作时间不少于 8 小时，合同有效期为 1 年，其中试用期 6 个月，试用期无工资，待转正后补发。以下说法正确的是（   ）。

A. 违反《劳动法》，应签订书面劳动合同，按月发放工资，且不得对非全日制用工者约定试用期

B. 违反《劳动法》，应签订书面劳动合同，按月发放工资，且应补签与非全日制用工者劳动合同

C. 非全日制用工者每日平均工作时间不得超过 4 小时，不得作为全日制劳动者替代

D. 劳务派遣劳动者可提请劳动仲裁并要求签订 2 年以上劳动合同

E. 非全日制用工劳动者可要求按周发放工资

9.【多选题】某 56 岁男性员工在企业连续工作了十年，因长期在有尘环境中工作导致患上了尘肺病，进而丧失了劳动能力，公司在支付赔偿金后解除了与其的劳动合同，以下说法正确的是（   ）。

A. 工伤鉴定后，该员工申领的工伤赔偿是由公司直接支付的

B. 在该员工共患病期间公司应保留其工作岗位直至工伤鉴定报告出具后再行判断

C. 该企业解除劳动合同做法违背了《劳动法》相关规定，应继续履行与该员工劳动合同

D. 职工可就此向户口所在地街道提起工伤鉴定，并申请工伤赔偿

E. 该员工已经在本单位连续工作满十年，且距离法定退休年龄不足五年，单位不得单方面解除劳动合同

10. 【多选题】A施工企业为某外国建设项目招聘了一名管理人员，在劳动合同中约定其薪资为6000元人民币/月，工作地点为B国，工作第一个月月底，该国爆发战乱致使项目停工，公司可采取以下(   )做法。

A. 通知该员工在B国待命，并正常发放其工资至该项目恢复正常

B. 保留其社保继续缴纳，并通知其工资停发直至该项目恢复正常

C. 给付劳动者6000元人民币，并解除劳动合同

D. 给付劳动者12000元人民币，并解除劳动合同

E. 对该员工进行培训并调整该员工岗位为资料员，并通知其工资调整为4000元人民币/月

11. 【多选题】某企业的女性员工在怀孕后被企业通知解除劳动合同，该员工工资为3000元人民币/月，该员工提请劳动仲裁并要求企业支付其当月工资3000元，以下说法正确的是(   )。

A. 该诉求符合《劳动法》，应予以支持

B. 可要求企业赔偿其6000元人民币作为补偿

C. 该企业不应解除与该员工的劳动合同

D. 怀孕期间企业可按当地最低工资标准发放工资

E. 怀孕期间企业应按4000元人民币/月发放该员工工资

【答案】1. √；2. ×；3. C；4. A；5. B；6. A；7. D；8. CD；9. BC；10. AD；11. CE

第二节　劳动合同审查的内容和要求

考点19：劳动合同审查要点

教材点睛 教材 P59～P60

1. 劳动合同审查的内容

(1) 双方当事人是否具备鉴定劳动合同的资格；

(2) 合同内容是否符合法规和政策；

(3) 双方当事人是否在平等自愿和协商一致的基础上签订劳动合同；

(4) 合同条款是否完备，双方的责任、权利、义务是否明确；

(5) 中外合同文本是否一致。

2. 劳动合同审查的要求

(1) 当事人申请：应当向鉴证机关提供的材料有①劳动合同书及其副本；②营业执照或副本；③法定代表人或委托代理人资格证明；④被招用工人的身份证或户籍证明；⑤被招用人员的学历证明、体检证明和《劳动手册》；⑥其他有关证明材料。

(2) 鉴证机关审核：鉴证人员按照法定的鉴证内容，对当事人提供的劳动合同书及有关证明材料进行审查、核实。

（3）确认证明：经过审查、核实，符合法律规定的劳动合同应予以确认，由鉴证人员在劳动合同书上签名，加盖劳动合同鉴证章，或附上加盖劳动合同鉴证章和鉴证人员签名的鉴证专页。

巩固练习

1. 【单选题】劳动合同鉴定所审查的内容不包括(   )。

A. 中外合同文本是否一致

B. 合同条款是否对公司有利

C. 合同内容是否符合法规和政策

D. 双方当事人是否具备鉴定劳动合同的资格

2. 【单选题】下列各项中，不属于劳动合同审查要求的是(   )。

A. 当事人申请　　　　　　　　　　B. 双方协商

C. 鉴证机关审核　　　　　　　　　D. 确认证明

3. 【多选题】某员工与企业签订劳动合同后认为其中部分条款不妥，申请劳动合同鉴定，以下属于应当向鉴证机关提供的材料有(   )。

A. 本人体检证明　　　　　　　　　B. 企业《劳动手册》

C. 劳动合同书及其副本　　　　　　D. 本人学历证明

E. 公司经营情况资料

【答案】1. B；2. B；3. ABCD

第三节　劳动合同的实施和管理

考点 20：劳动合同的管理要点 ★●

1. 劳动合同的实施：用人单位变更名称、法定代表人、主要负责人或者投资人等事项，不影响劳动合同的履行。用人单位发生合并或者分立等情况，原劳动合同继续有效，劳动合同由承继其权利和义务的用人单位继续履行。

2. 劳动合同的管理

（1）我国劳动合同管理体制由行政管理、社会管理和用人单位内部管理构成。

（2）劳动合同备案，是劳动合同备案机关依法对劳动合同进行审查和保存，以确立劳动合同的订立、续订、变更和解除的一项监督措施。各种劳动合同的订立和解除都应当备案，而经劳动行政部门鉴定和批准的劳动合同不必再有行政部门备案。

3. 劳动合同的签订

（1）订立劳动合同应当采用书面形式

（2）未在建立劳动关系的同时订立书面劳动合同时：用人单位自用工之日起满一年不与劳动者订立书面劳动合同视为用人单位与劳动者已订立无固定期限劳动合同。用人单位未在用工的同时订立书面劳动合同，与劳动者约定的劳动报酬不明确的，劳动报酬应当按照企业或行业的集体合同规定的标准执行；没有集体合同或者集体合同未作规定的，用人单位应当对劳动者实行同工同酬。用人单位自用工之日起超过一个月但不满一年未与劳动者订立书面劳动合同的，应当向劳动者支付二倍的月工资。

巩固练习

1.【判断题】某建筑企业招聘劳务工人时采用了经相关部门批准的通用合同，并在签订后进行了备案。   （   ）

2.【判断题】订立劳动合同应当采用书面形式。   （   ）

3.【单选题】我国劳动合同管理体制不包括（   ）。

A. 社会管理   B. 行政管理

C. 法制管理   D. 用人单位内部管理

4.【单选题】用人单位自用工之日起满一年不与劳动者订立书面劳动合同，视为用人单位与劳动者已订立（   ）劳动合同。

A. 不定期   B. 临时

C. 随时解除的   D. 无固定期限

5.【单选题】某 A 公司因业务调整与 B 公司进行了重组合并，合并后的 C 公司决定在签订新劳动合同前，对全员重新进行薪资评定，某员工因评定后薪资比原有水平下降而提起劳动仲裁，该行为（   ）。

A. 合理，C 公司未与该员工签订劳动合同

B. 合理，C 公司有权对员工薪资进行调整

C. 不合理，C 公司无义务执行原 A 公司劳动合同

D. 不合理，C 公司应按原合同发放薪资

6.【单选题】某建筑企业因薪资调整，通过与工会代表的协商完成了与全部员工签订新版集体劳动合同的工作。在此之后某新入职员工与企业约定工资为 8000 元，是同岗位劳动者的 8 折，一年后依据其工作表现重新签订劳动合同。该员工入职后一周提起劳动仲裁，要求企业纠正错误行为。以下说法正确的是（   ）。

A. 企业不存在错误行为   B. 企业可无责解除与其的劳动合同

C. 该员工行为合理合规   D. 该员工诉求无法律依据

7.【单选题】某施工企业与劳动者通过电话面试并通知录用后，要求员工立刻前往外地工作，并约定当其到达外地工作地点后通过邮寄方式签订劳动合同。由于企业疏忽三个月后才寄出该员工劳动合同，该员工收到后要求与企业签订无固定期合同，则（   ）。

A. 该诉求合理，企业应与其签订无固定期合同

B. 该诉求不合理，企业无需担责

C. 该诉求不合理，企业可据此解除无责劳动合同

D. 该诉求不合理，企业可拒绝

8.【多选题】某企业招录劳动者时约定试用期六个月内无薪酬，待试用期结束后再签订劳动合同。并按当地最低平均工资 2450 元发放劳动报酬。劳动者入职未满一个月后提起劳动仲裁。以下说法错误的是（　　）。

A. 该劳动者与企业存在劳动关系

B. 该劳动者未与企业签订劳动合同，与企业不存在劳动关系因此劳动仲裁不成立

C. 由于劳动仲裁扰乱企业正常生产经营，企业可无责解除与该劳动者劳动关系

D. 劳动者可要求企业赔偿 4900 元

E. 劳动者入职不满一个月，不应计算工资

9.【多选题】某劳务派遣员工与施工企业因劳动合同约定的薪酬与实际发放工资不符而产生劳资纠纷后（　　）。

A. 可向当地工会申请介入

B. 可向当地劳动行政管理部门申请介入

C. 可向当地企业联合会申请介入

D. 可向企业注册地工商部门申请介入

E. 可向当地住房和城乡建设主管部门申请介入

【答案】1. √；2. √；3. C；4. D；5. D；6. C；7. D；8. BCE；9. ABC

第四节　劳动合同的法律效力

考点 21：劳动合同的法律效力 ★●

教材点睛　教材 P62～P63

1. 无效劳动合同

《劳动合同法》第二十六条规定：下列劳动合同无效或者部分无效：

（一）以欺诈、胁迫的手段或者乘人之危，使对方在违背真实意思的情况下订立或者变更劳动合同的；（二）用人单位免除自己的法定责任、排除劳动者权利的；

（三）违反法律、行政法规强制性规定的；有关劳动报酬和劳动条件等标准低于集体合同的。对劳动合同的无效或者部分无效有争议的，由劳动争议仲裁机构或者人民法院确认。

2. 无效劳动合同的确认和处理

对无效劳动合同的处理，一般包括三种情况：

1）撤销合同。这种方式适用于被确认全部无效的劳动合同。

2）修改合同。这种方式适用于被确认部分无效的劳动合同及程序不合法而无效的劳动合同。

3）赔偿损失。《劳动法》第九十七条规定，由于用人单位的原因订立的无效合同，对劳动者造成损害的，应当承担赔偿责任。

3. 劳动合同纠纷的处理

（1）《劳动法》对劳动争议的处理原则、程序等已有明确的规定。无论双方在劳动合同中是否约定或如何约定，都必须按照法定的处理程序进行。

（2）我国劳动争议处理程序的体制一般是按照"调解、仲裁、诉讼"三个阶段顺次组成的，用人单位与劳动者发生争议后，当事人可以依法申请调解、仲裁、提起诉讼，也可以协商解决。

（3）解决劳动争议，需要遵守合法、公正、及时处理的原则，依法维护劳动争议当事人的合法权益。

巩固练习

1.【判断题】某企业要求员工与其签署两份劳动合同，工作时间按"每日 14 小时"版本的劳动合同实际履行工作，员工提起劳动仲裁后，公司依据有员工签名的工作时间约定为"每日 8 小时"版本劳动合同，认为企业没有违规行为。（　　）

2.【判断题】无论双方在劳动合同中是否约定劳动争议的处理，都必须按照法定的处理程序进行。（　　）

3.【单选题】我国劳动争议处理程序的体制组成不包括（　　）。

A. 诉讼　　　　　　　　　　　　B. 调解

C. 仲裁　　　　　　　　　　　　D. 协商

4.【单选题】某施工企业与劳动者协商解除劳动合同未果，便要求其只有在向公司递交辞职信后方可离开公司办公室。劳动者随即递交了带签名的辞职信并在离开公司后提请劳动仲裁，以下说法正确的是（　　）。

A. 该劳动者辞职有效

B. 该劳动者不可向公司要求继续履行劳动合同

C. 该劳动者辞职无效

D. 该劳动者不可向公司要求非法解除劳动合同赔偿金

5.【单选题】某公司与劳动者在劳动合同中约定其工作地点为公司总部，工作内容为品牌策划；在入职后不久公司将其派往外地从事原材料采购订购工作。该劳动者就此提请劳动诉讼，以下说法正确的是（　　）。

A. 该劳动者应服从公司工作安排，并撤销劳动诉讼

B. 工作内容和工作地点的变动不影响劳动合同的继续执行

C. 该劳动者应与企业进行协商一致后签订新的劳动合同并据此执行

D. 如劳动者因此辞职，则可理解为其自愿解除劳动关系

6.【单选题】某企业与劳动者签订劳动合同时，要求劳动者先于一份空白的劳动合同上签字按手印，并在之后将此份合同中用人单位、薪资报酬、合同期限等信息自行调整

后，将盖有企业公章的一式两份的劳动合同交予劳动者，在之后的劳动仲裁中(　　)。

A. 双方已经签字盖章，此份合同真实有效

B. 此份合同中未经劳动者同意部分条款无效，其余部分有效

C. 此份合同无效，因其不能代表签订合同双方真实意思的表达

D. 此份合同无效，且不可作为劳动仲裁证据材料

7.【单选题】采用通用劳动合同时，劳动者可享有的假期不包括(　　)。

A. 法定节假日　　　　　　　　　B. 带薪年休假

C. 婚丧假　　　　　　　　　　　D. 双薪假期

8.【多选题】某施工企业与幕墙安装工签订的劳动合同中约定：因公司已完成相关培训及告知义务，高空作业中时如发生伤害，一切后果由作业人员自己承担。在之后的作业中一名安装工因使用自购的不合格安全绑带断裂，于施工现场身亡。公司依据双方签订的劳动合同拒绝了家属相关赔偿要求，以下说法错误的是(　　)。

A. 由于安装工自身原因导致的伤亡，应由其个人承担本次事故责任

B. 由于公司未在开工前进行个人防护设施检查工作，本次事故中应承担一定责任

C. 公司与安装工都存在一定的过错，因此应各自承担一半责任

D. 公司应在开工前进行个人防护设施检查

E. 该条款无效，公司承担全部责任

9.【多选题】某企业与劳动者在劳动合同中约定：因工伤导致无法正常工作后由公司负责工伤之日起半年内医疗费用，半年后仍无法正常工作的本劳动合同自动解除。以下说法正确的是(　　)。

A. 劳动者签署劳动合同即可认为同意了该条款

B. 用人单位应在劳动合同中体现为乙方提供必要的拉动安全卫生教育和培训的相关内容

C. 乙方在操作时应遵守甲方下达的指令，并做好个人防护

D. 乙方如未达到甲方工作考评要求，甲方不得以此为由无责解除劳动合同

E. 此条款已经充分照顾了劳动者权益，并遵循了《劳动法》相关规定

【答案】1. ✕；2. ✓；3. D；4. C；5. C；6. C；7. D；8. ABC；9. BD

第五章　劳务分包管理的相关知识

第一节　劳务分包管理的一般规定

考点 22：劳务分包一般管理规定●

教材点睛 教材 P82～P84

法规依据：住房和城乡建设部办公厅印发《关于做好建筑业"证照分离"改衔接有关工作的通知》（建办市〔2021〕30 号）

1. 劳务分包企业资质的规定：企业完成备案手续并取得资质证书后，方可承接施工劳务作业。

2. 对劳务工人的规定【P82～P84】有：遵守基本的劳动纪律；劳务工人安全须知；劳务工人文明施工须知；劳务工人个人安全防护须知；劳务工人治安防范须知；劳务工人应注意的社会公共道德。

巩固练习

1.【判断题】2021 年 7 月 7 日起，建筑业企业施工劳务资质由审批制改为备案制。

（　　）

2.【单选题】劳务工人进场前需进行（　　）方可上岗。

A. 三级（公司、项目部、劳务方）安全教育

B. 三级（施工方、监理方、质监站）安全教育

C. 三级（总部、分公司、劳务方）安全教育

D. 三级（公司、项目部、班组）安全教育

3.【单选题】劳务工人需遵守的文明施工守则中描述错误的是（　　）。

A. 施工现场应建立封闭式围墙，进出施工现场需执行门卫纠察制度

B. 施工现场产生的粉尘、噪声、固体废物、泥浆、强光等对环境的污染和危害需依法依规进行防治

C. 施工现场建材摆放位置需依据施工现场总平面图安置

D. 劳务工人短期内急剧增多时，可暂时安置在施工楼栋的已完工楼层内

4.【单选题】劳务工人需遵守的安全施工守则中描述错误的是（　　）。

A. 工作场所噪声超过 85dB 时应佩戴合格的耳塞工作

B. 在焊接会引起化学反应燃烧的物质时，焊工需戴好防护面具

C. 在可能出现大量尘土的环境中作业时，应佩戴呼吸防护器

D. 进入安全现场时需佩戴内衬、帽带完好的安全帽

5.【单选题】以下对于劳务工人治安管理的描述正确的是（　　）。

A. 进场作业人员无有效身份证件时，需由劳务单位提供担保

B. 项目部与新进场的劳务单位签订社会治安责任书

C. 施工现场应认真落实"四防"工作，并做好检查、记录工作

D. 在施工现场发生的盗窃行为可通过关禁闭等举措进行处罚

6.【多选题】以下对于劳务工人安全管理的描述错误的是（　　）。

A. 在施工现场空旷处作业时也需佩戴安全帽

B. 搭设脚手架时可通过攀越脚手架以加快施工速度

C. 高处作业时，需在佩戴好安全帽的情况下进行

D. 建材运输时工人可随提升机吊笼上下

E. 当防护栏板妨碍施工时可临时移动其位置

【答案】1.√；2.D；3.D；4.B；5.C；6.BCDE

第二节　劳务分包招标投标管理

考点 23：劳务分包招标投标要点●

教材点睛 教材 P84～P86

　　1. 劳务招标投标交易的特点：标的额小、项目数量多；投标报价缺少规范性；招标投标操作周期短。

　　2. 劳务分包招标投标的一般规定：工程款已经落实；工程进展需要大量劳动力进场；已具备劳务作业现场开工条件；其他条件。

　　3. 劳务招标投标文件内容

　　(1) 劳务分包招标文件条款应当包括以下内容：1）投标人资格预审情况；2）工程概况；3）现场情况简介；4）招标要求；5）投标报价要求；6）劳务费的结算与支付；7）投标须知；8）开标须知；9）附件；10）补充条款。

　　(2) 劳务分包投标文件条款应当包括以下内容：1）投标函；2）投标授权书；3）承诺书；4）劳务投标书；5）报价明细表；6）拟派劳务人员情况；7）同类施工业绩；8）公司资质材料；9）质量管理措施；10）安全控制措施。

　　4. 劳务招标投标管理工作流程【图 5-1，P87】

巩固练习

1.【判断题】劳务招标投标操作周期短。　　　　　　　　　　　　　　　（　　）

2.【判断题】劳务作业分包招标可采用直接发包、公开招标、邀请招标的方式。

（　　）

3.【单选题】劳务分包投标文件中应包含（　　）。

A. 投标函、承诺书、公司信用分材料

B. 报价明细表、联合体协议、附件

C. 安全控制措施、项目负责人履历、附件

D. 劳务投标书、同类施工业绩、公司资质材料

4.【单选题】在劳务招标工作中，在确定中标人后应进行(　　)后续工作。

A. 确定项目负责人　　　　　　　　B. 提交招标情况书面报告备案

C. 发放中标通知书　　　　　　　　D. 提交投标保证金

5.【单选题】劳务分包招标文件中的条款应包含(　　)。

A. 质量管理措施　　　　　　　　　B. 劳务费的结算与支付

C. 安全控制措施　　　　　　　　　D. 承诺书

6.【多选题】劳务招标投标交易的特点有(　　)。

A. 项目标的额小　　　　　　　　　B. 项目数量多

C. 投标报价缺少规范性　　　　　　D. 中标结果不需公示

E. 招标投标操作周期短

【答案】1.√；2.√；3.D；4.B；5.B；6.ABCE

第三节　劳务分包作业管理

考点24：劳务分包队伍进出场管理★●

教材点睛 教材 P86～P89

1. 劳务分包队伍进场的必要条件

(1) 接到中标通知书后，与总承包企业签订劳务（专业）分包合同，并签订《施工安全协议》《总分包施工配合协议》《水电费及其他费用协议》《总分包管理协议》《安全生产协议》《安全总交底》《安全消防及环境管理责任书》《治安综合治理责任书》等，双方责任和权利已明确无异议。

(2) 劳务分包队伍经核查自身现有的人员、技术、装备力量能够满足工程施工作业需要，已经做好了补充人员和机械设备的准备。

(3) 劳务分包队伍得到了总承包方书面许可，施工现场具备进场条件。

2. 进场人员管理：进场劳务作业人员花名册、身份证、岗位技能等级证书、劳动合同或用工书面协议的复印件留存备案至工程完工后3年。

3. 分包单位备案资料：分包单位所提交以上资料必须真实有效并与合同谈判时规定一致。

4. 入场教育培训管理

(1) 分包单位人员经培训合格后方可正式进入现场施工。

(2) 教育培训大纲的内容一般包括：安全管理风险分析与防范；消防保卫管理；质

量管理；计划管理；生产管理；文明施工管理；成品保护管理；现场物资管理；技术管理；工程资料管理；后勤管理；统计及工程款结算管理；各类安全规定，特殊作业规定；新工艺、新技术、新设备等。

5. 分包劳务方退场情形总体归纳为三种

(1) 因合同履行完毕，正常终止合同，双方达成退场协议。

(2) 因某种原因，被总承包方强制终止，予以退场。

(3) 因劳务分包队伍单方有退场意愿并提出终止合同。

巩固练习

1.【判断题】劳务分包队伍进场需得到总承包方书面许可，且施工现场具备进场条件。   (   )

2.【判断题】分包劳务方退场情形有正常终止合同退场、总承包方强制退场和劳务分包单方提出退场。   (   )

3.【单选题】进场时劳务分包队伍与总承包企业不必要签订的协议是(   )。

A.《总分包管理协议》   B.《工程机械租用协议》

C.《安全总交底》   D.《治安综合治理责任书》

4.【单选题】以下关于劳务分包队伍进场管理的描述正确的是(   )。

A. 应指定兼职劳务管理人员对进场人员实行动态管理

B. 劳务分包单位应提供所有进场人员技能等级证书和复印件

C. 劳务分包单位的质量负责人必须持有《安全生产考核合格证》方可上岗

D. 签订好劳动合同或用工书面协议，建立劳务分包队伍人员花名册台账

5.【单选题】以下关于劳务用工说法错误的是(   )。

A. 劳务用工花名册应作为处理现场人员考勤、工资发放、劳资纠纷、工伤事故的依据之一

B. 劳务队伍进场后应签订好劳动合同或用工书面协议，建立人员花名册台账

C. 应对进场人员实行动态管理，对后续进场人员应补充登记

D. 禁止使用 16 周岁以下人员

6.【单选题】下列(   )不属于特殊工种劳务人员进场时必须提供的证书。

A. 身份证   B. 务工证

C. 特殊工种上岗证   D. 高中毕业证

7.【单选题】劳务用工禁止使用不满(   )周岁的人员。

A. 14   B. 15

C. 16   D. 18

8.【单选题】项目经理部应结合对分包单位培训的内容编制教育培训大纲，教育培训大纲的内容不包括(   )。

A. 文明施工管理   B. 消防保卫管理

9.【多选题】某劳务分包企业签订固定总价合同后，进场施工时因项目工期紧张导致人工费用涨幅较大，向总承包方提出索赔要求否则便退场，总承包方拒绝后劳务分包方于当日提出退场。以下关于劳务队伍退场的说法错误的是(　　　　)。

A. 劳务分包企业应在签订合同前做好合同审查工作

B. 劳务分包方退场后，之前所签订的未履行完的合同条款或协议自动终止履行

C. 劳务分包企业退场后可自行处理与本项目相关人员花名册、身份证、岗位技能证书等资料

D. 劳务分包企业退场前应向总承包方移交租用或占用的机械、设备、仪器等，并办理书面手续

E. 劳务分包企业应在退场前结清分包费用，并结清就此离场工人工资

【答案】1.√；2.√；3.B；4.D；5.B；6.D；7.D；8.D；9.BCE

考点 25：劳务分包作业过程管理★●

教材点睛 教材 P89~P108

1. 劳务分包作业过程管理的主要内容有：进度管理；质量管理；技术管理；文明施工管理；成品保护管理；物资管理；合同与结算管理；质量、环境、职业安全健康体系管理；治安保卫管理；现场劳动保护、作业环境、生活环境配置管理。

2. 进度管理

(1) 进度计划内容及上报要求：【见表 5-1、表 5-2，P90】

(2) 计划统计管理实施的保证措施：①检查及考核建立计划统计管理的严肃性；②考核要与经济利益挂钩；③实行生产例会制；④日生产碰头会（定时）。

3. 质量管理

(1) 分包单位入场前应与项目经理部签订"分包施工合同"，明确质量目标、质量管理职责、竣工后的保修与服务、工程质量事故处理等各方面双方的权利和义务。

(2) 分包单位质量教育分为：入场教育；日常的质量培训和教育。

(3) 日常质量管理：建立现场质量体系；配备专职质量检查员；实行周、月质量例会与质量会诊制度。

(4) 施工过程中的质量控制：严格执行技术交底制度；坚持样板制；贯彻"三检制"；做好成品保护及文明施工。

4. 技术管理

(1) 分包单位必须在现场设一名技术负责人，专业技术人员应不少于 3 名。

(2) 参与总包单位组织的图纸内审、设计交底、方案交底及技术交底活动。

(3) 定期参加总包单位组织的技术工作会及生产例会。

(4) 及时以书面形式向总包单位技术部门反馈现场技术问题。

(5) 总包单位要及时向分包单位发放图纸、设计变更及洽商变更等施工文件，并做好收发记录。

（6）配合总包完成工程资料的编制与整理工作。

5. 文明施工管理： 分包单位施工负责人为其所施工区域文明施工工作的直接负责人。分包单位设文明施工检查员负责现场文明施工并将文明施工检查员名单报总包单位项目经理部工程管理部门备案。

6. 成品保护管理

（1）各分包单位负责人为其所施工工程专业的成品保护直接责任人。

（2）分包单位应设成品保护检查员一名，负责检查监督本专业的成品保护工作。

（3）各分包单位的施工员根据责任制和区域划分实施成品保护工作，负管理责任。

7. 物资管理： 分包单位根据总包单位项目经理部月度材料计划及施工生产进度情况，向总包单位项目经理部物资管理部门提前2～5天报送材料进场计划，并要注明材料品种、规格、数量、使用部位和分阶段需用时间。分包单位应严格按方案施工，合理使用材料，加强架料、模板、安全网等周转材料的保管和使用，对丢失损坏的周转材料由分包单位自行承担费用。

8. 合同与结算管理

（1）工程的分包单位合同、物资供应合同应在施工前，采用标准合同文本签订；未能及时签订正式合同的，必须先签订协议书，对分包单位、物资供应单位加以约束。

（2）分包单位结算总则

1）必须遵守国家有关法律法规和政策，以及合同中的约定内容。

2）必须遵守总包单位及项目经营管理的有关规定。

3）结算工作必须按合同约定的结算期保证按时、准确、翔实、资料齐全（合约双方）。

9. 治安保卫管理

（1）分包单位进场前，必须经入场教育，考试合格后方可施工。

（2）各分包单位要将人员花名册及照片交总包单位项目经理部行政部门统一办理现场工作证。

（3）分包单位中的外来人口必须符合当地政府有关规定，办理健康证、居住证。

10. 施工现场劳动保护基本配置指南【详见表5-5～表5-7，P104～P108】

巩固练习

1.【判断题】"三检制"要求分包企业在作业时需做好"班前检、班中检、班后检"。

（   ）

2.【判断题】生活区内建筑物与建筑工程主体之间的防火间距不小于12m。生活区内临时建筑房屋之间的防火间距不小于3m。 （   ）

3.【单选题】以下关于分包单位施工质量管理正确的是（   ）。

A. 分包单位总负责人为分包工程质量第一负责人

B. 应由总包方项目部组织各参与项目的分包单位各级管理人员参加学习

C. 组织分包单位操作人员学习技术法规、规程、工艺、工法、质量检验标准

D. 达不到总包方质量验收规范、操作工艺流程要求的分包方将被清退出场

4.【单选题】某分包单位在完成钢筋绑扎完成后通过视频电话向监理单位报验，并要求为追赶工期立即进行混凝土浇筑，监理单位相关人员以下做法正确的是(   )。

A. 如视频电话中未发现明显质量问题，允许进行下一道工序施工

B. 如视频电话中未发现质量问题，允许进行下一道工序施工

C. 对现场进行全方位高清录像并检查无误后允许进行下一道工序施工

D. 应进行现场验收后再进行下一道工序施工

5.【单选题】分包单位入场时需提供的资料不包括(   )。

A. 本单位质量管理体系表

B. 检验、测量设备清单及检验校准合格证

C. 本单位管理人员的名录及联系方式

D. 劳务分包合同

6.【单选题】对于业主指定的分包单位工程和总包方实行管理的分部、分项工程，分包单位在工程验收时需向总包单位项目经理部提供全套施工资料一式(   )份。

A. 3   B. 4

C. 12   D. 9

7.【单选题】分包单自行组织进场的物资，进场时需提供的资料不包括(   )。

A. 出厂合格证   B. 检验报告

C. 物资入场许可证   D. 产品生产许可证

8.【单选题】某分包单位完成 A 地块设备安装后便全部前往 B 地块继续设备安装，验收时业主因 A 地块设备被高空坠落的模板砸坏拒绝验收，以下说法正确的是(   )。

A. 应由可能导致该模板坠落的分包方共同承担损坏设备赔偿

B. 应由总包方因未尽到管理责任承担设备损失赔偿

C. 由该分包单位承担直接责任后再行调查追责

D. 由业主方承担设备损失

9.【单选题】某分包单位提前 1 天向总承包单位项目经理物资管理部门报备了材料进场计划，总包单位认为不妥，以下说法正确的是(   )。

A. 分包单位应提前 2~5 天报备材料进场计划

B. 应注明材料品种、数量、路途运输时间

C. 分包单位按要求报送材料计划未被总承包单位接收，造成的损失由总承包单位承担

D. 分包单位在使用周转材料时如有损坏、丢失可按正常损耗通报总承包方

10.【多选题】某分包单位为追赶工程进度，派遣对接人赴外地与设计方进行了设计问题沟通与交底，并在总包方技术部门下发图纸前完成了施工准备，并立即开始施工，以下说法正确的是(   )。

A. 施工前应就设计图纸、施工工艺与相关方进行充分沟通

B. 如能在施工前取得总承包方的口头认可，可在事后补齐相关材料

C. 现场发生技术问题分包单位可组织设计、监理等共同研究处理

D. 由于分包单位审图不细致而要求变更，可向总包方要求经济调整

E. 分包单位应服从总包单位管理，在参加完总包方技术交底会后再行施工

11.【多选题】以下关于劳务分包合同及结算的说法正确的是(　　)。

A. 分包单位的合同应在施工前签订，物资供应的合同可在施工后签订

B. 分包合同可在分包单位协议书后签订

C. 工程结算可在项目验收收后14日以内报项目预算部门

D. 包工包料的分包单位可根据双方约定的内容编制月预算统计结算书，由项目经理交预算部门审核

E. 分包商非法用工造成的法律后果由其本身完全承担

【答案】1.×；2.×；3.A；4.D；5.D；6.B；7.C；8.C；9.A；10.AE；11.BC

第四节　劳务分包队伍的综合评价

考点26：劳务分包队伍综合评价●

教材点睛　教材 P108～P112

1. 劳务分包队伍综合评价的内容

(1) 项目部层面上的综合评价内容：考核评价劳务分包队伍的整体素质、工程质量、工期、绿色施工和文明施工、安全生产、与劳务工人签订劳动合同或用工书面协议、劳务分包商对劳务工人工资支付、与项目部工程管理人员工作配合、遵纪守法等情况。

(2) 分公司（或公司）层面上的综合评价内容：重点评价劳务分包队伍的资质资信、管理体系、施工能力、机械设备、管理力量、技能实力、劳务过程管理、内业资料等内容。

(3) 公司（或集团公司）层面上的综合评价内容：重点评价劳务分包队伍的施工业绩、信守履约、协调配合、管理水平、整体素质、负责人诚信等内容。

2. 劳务分包队伍综合评价的方法

(1) 综合评价方式：可分为过程综合评价（项目部层面）和全面综合评价（公司或集团公司层面）。

(2) 评价方法及工具：常用的有专家意见法（专家主观判断法、打分法、德尔菲法）和数学模型法［层次分析法（AHP）、模糊综合评判法］。

(3) 劳务分包队伍的分级管理：劳务分包队伍的等级划分为优秀、良好、合格、不合格。达到合格以上等级的劳务分包队伍可以继续留用；评定等级为不合格的，从建筑企业的"合格劳务分包队伍名录"中除名。两年内不予合作，再度合作前需重新进行评价。

3. 关于劳务品牌建设的规定【P109～P112】

1. 【判断题】经评价为不合格的劳务分包队伍,未支付费用可被建筑企业扣减。

（　　）

2. 【判断题】劳务分包队伍的综合评价可以分为过程综合评价和全面综合评价。

（　　）

3. 【单选题】根据劳务分包队伍的综合评价结果确定分级标准,等级划分不包括(　　)。

A. 优秀
B. 良好

C. 中等
D. 不合格

4. 【单选题】不属于劳务品牌建设组织保障措施的是(　　)。

A. 加强组织领导
B. 开展选树推介

C. 分类型发现劳务品牌
D. 举办系列活动

5. 【多选题】项目部层面上对劳务分包队伍的评价内容应包含(　　)。

A. 工程质量
B. 综合评价

C. 安全生产及文明施工
D. 工人工资支付情况

E. 工艺达标情况

6. 【多选题】劳务分包队伍的常用评价方法中专家意见法应用较为普遍,其中包含(　　)。

A. 德尔菲法
B. 打分法

C. 数学模型法
D. 层次分析法

E. 主观判断法

【答案】1. ×；2. √；3. C；4. C；5. ACD；6. ABE

第五节　劳务费用的结算与支付

考点 27：劳务费用的结算、支付●

| 教材点睛 | 教材 P112～P121

1. 关于保障农民工工资支付的相关规定【P112～P121】

(1)《保障农民工工资支付条例》(国务院令第724号)中关于工程建设领域的特别规定第四章

(2)人力资源和社会保障部等10部委印发《关于工程建设领域农民工工资专用账户管理暂行办法的通知》(人社部发〔2021〕53号)

(3)人力资源和社会保障部《关于工程建设领域农民工工资保证金规定的通知》(人社部发〔2021〕65号)

2. 劳务人员工资的计算方式

(1) 劳务人员工资的计算方式

1) 固定劳务报酬（含管理费）。

2) 约定不同工种劳务的计时单价（含管理费），按确认的工时计算。

3) 约定不同工作成果的计件单价（含管理费），按确认的工程量计算。

(2) 工时及工程量的确认

1) 采用固定劳务报酬方式的，施工过程中不计算工时和工程量。

2) 采用按确定的工时或工程量计算劳务报酬的，劳务作业承包人应提供完成工时或工程量的证明资料，经劳务作业发包人确认，方可计取劳务报酬。

3) 对劳务作业承包人未经劳务作业发包人认可、超出设计图纸范围和因劳务作业承包人原因造成返工的工程量，劳务作业发包人不予计量。

(3) 劳务人员工资的中间支付：采用固定劳务报酬方式支付劳务报酬款的，劳务人员工资可以按约定方式支付，包括预付款、中间支付（进度款）。

(4) 劳务人员工资的最终支付：全部分包工作完成，经劳务作业发包人认可后14天内，劳务作业承包人向劳务作业发包人递交完整的结算资料，双方按照本合同约定的计价方式，进行劳务报酬的最终支付。

(5) 劳务人员工资的支付管理

1) 分包队伍应将工资发给劳务工本人，严禁使用和将工资发放给不具备用工主体资格的组织和个人。

2) 根据劳动合同或用工书面协议约定的工资标准、支付日期等内容支付工资，每月至少支付一次。

3) 支付劳务工资时应编制工资支付表，发放工资时需劳动者本人签字确认，并保存3年以上备查。

4) 因建设单位未按照合同约定与总包单位结清工程款，致使分包队伍拖欠劳务工工资的，按国家规定由建设单位或工程总承包单位应先行垫付劳务工被拖欠的工资。

3. 劳务费结算与支付管理的要求

(1) 按国务院政策法规要求，应当做到劳务费月清月结或按分包合同约定执行；同时应监督劳务分包队对农民工工资月清月结或按劳动合同约定执行，确保农民工工资按时足额发放给本人。

(2) 除合同另有约定，支付劳务费应当保障劳务分包队伍每月支付农民工基本工资人均不低于工程所在地最低工资标准，每年年底前做到100%支付。

4. 劳务费结算与支付管理的程序

(1) 劳务费的支付程序：编制劳务费支付计划→预结、预付劳务费→办理结算（调整支付计划）→（监督）农民工工资支付→（向总包）报送劳务费支付情况表。

(2) 劳务费的支付管理

1) 支付劳务人工费时，只能向分包企业法人支付，不得向无资质的个体承包人支付。如果是委托代理人必须出具法定代表人书面委托书。

2）分包工程发包人与分包工程承包人在工程施工过程中提前解除分包合同的，应按已完合格工程量结算劳务费，约定劳务费的支付金额和支付时间，并严格按约定条款履行。

3）支付工程款时，应把劳务费列为第一支付顺序。

（3）劳务费管理的应急预案【P123】

5. 对劳务费结算支付情况实行报表制度

巩固练习

1.【判断题】总包单位开立农民工工资专用账户时需与建设、监理单位签订资金管理三方协议。 （ ）

2.【判断题】根据用工书面协议约定的工资标准、支付日期等内容支付工资，每月至少支付一次。 （ ）

3.【单选题】某施工总包单位将某项目的专业分包工程违法分包给某劳务企业，后期由于劳务企业未支付工人工资导致项目停工，建设单位就此停止了项目进度款支付，以下说法正确的是（ ）。

A. 建设单位停止支付项目进度款的支付符合相关法规规定

B. 施工总承包对工人支付负有连带责任，可由总承包方支付后再向违法分包主体追讨

C. 建设单位对违法分包事件如不知情，不必承担工人工资支付的连带责任

D. 各个分公司应独立设置农民工工资专用账户，并将相关资料交由总包单位保存

4.【单选题】以下关于劳务费支付的说法正确的是（ ）。

A. 总承包方劳务费只能支付向分包企业法人支付，分包方劳务费支付时可向个人支付

B. 分包企业提前解约的，应严格按已完成工程量结算费用

C. 劳务工人工资发放表应在项目现场公示满 1 天

D. 劳务费发放记录表需由工人代表签字后，报施工总承包企业相关部门备查

5.【多选题】某施工总承包单位在项目完工后向开户银行申请撤销农民工工资专用账户时被拒，以下描述中可能会成为原因的是（ ）。

A. 因分包单位未支付农民工工资，导致发生治安案件未处理完毕的

B. 未足额支付农民工工资，施工总承包企业与农民工正处于劳动仲裁阶段

C. 施工单位采用商业保函替代银行保函作为担保

D. 因建设项目未竣工，导致建设单位与施工总承包方尚存在未结清工程进度款

E. 项目建设竣工，且决算已完成

6.【多选题】以下关于劳务合同和劳务费用的描述正确的是（ ）。

A. 总承包企业可要求违法分包人员承担拖欠劳务费连带责任

B. 总分包合作时可以个人名义签订合同

C. 一般情况下每月支付的劳务费数额不应低于农民工户籍所在地最低工资标准

D. 建设单位遇劳务费结算困难时可将调整后的支付计划通知总包企业，并依次通知各分包企业

E. 支付工程款时劳务费应列为第一支付序列

【答案】1. ×；2. √；3. B；4. B；5. ABD；6. AE

第六章　劳务用工实名制管理的基本知识

第一节　建筑工人实名制的政策演变、作用和内容

考点 28：建筑工人实名制的作用、内容●

教材点睛 教材 P125～P126

1. 现行建筑工人实名制的政策： 住房和城乡建设部、人力资源和社会保障部印发关于修改《建筑工人实名制管理办法（试行）》的通知（建市〔2022〕59 号）

（1）全面实行建筑工人实名制管理制度。

（2）建筑企业应与招用的建筑工人依法签订劳动合同，对不符合建立劳动关系的应订立用工书面协议。

（3）建筑企业应对建筑工人进行基本安全培训，并在相关建筑工人实名制管理平台上登记，方可允许其进入施工现场从事与建筑作业相关的活动。

（4）"劳动合同"统一修改为"劳动合同或用工书面协议"。

2. 劳务工人实名制管理的作用

（1）通过实名制管理，对规范总分包单位双方的用工行为，具有一定的积极作用。

（2）通过实名制数据采集，有利于工程项目施工现场劳动力的管理和调剂。

（3）通过实名制数据公示，避免或减少因工资和劳务费支付而引发的纠纷隐患或恶意讨要事件的发生。

（4）通过实名制方式，为项目经理部施工现场劳务作业的安全生产管理、治安保卫管理提供基础资料。

（5）通过实名制管理卡的金融功能的使用，可以简化企业工资发放程序，为农民工提供了极大的便利。

（6）通过实名制管理，有助于宏观决策和行业监管。

3. 实名制管理的主要内容

（1）对进场人员花名册、身份证、劳动合同、岗位技能证书进行备案管理。

（2）做好劳务管理工作内业资料的收集、整理、归档。

（3）开展劳务管理相关数据的收集统计工作，建立劳务费、农民工工资结算兑付统计台账，检查监督劳务分包单位对农民工工资支付情况。

（4）规范分包单位用工行为、保证其合法用工。

（5）建立健全企业实名制管理的规章制度和监督检查实施到位情况。

第二节　实名制管理职责和重点

考点 29：实名制管理职责和管理重点●

教材点睛 教材 P127～P129

1. 建设单位实名制管理职责：与建筑企业约定实施建筑工人实名制管理的相关内容，督促建筑企业落实各项措施，按时足额将建筑工人工资付至建筑企业在银行开设的工资专用账户。

2. 总承包、专业承包企业实名制管理的重点

（1）设置劳务管理机构和劳务管理员，制定劳务管理制度。劳务员应持有岗位证书。

（2）劳务员要做好劳务管理工作内业资料的收集、整理、归档，切实履行劳务管理的职责。

（3）项目经理部劳务员负责日常劳务管理和相关数据的收集统计工作，建立劳务费、农民工工资结算兑付情况统计台账，检查监督农民工资的支付情况，发现问题应要求分包单位限期整改。

（4）项目经理部劳务员应加强对现场的监控，规范分包单位的用工行为，保证其合法用工，依据实名制要求，监督劳务分包做好劳务人员的劳动合同签订、人员增减变动台账。

3. 劳务企业实名制管理的重点：劳务分包单位的劳务员在进场施工前，应按实名制管理要求，将进场施工人员资料报送总承包商备案。总承包方劳务员根据劳务分包单位提供的劳务人员信息资料，逐一核对。

4. 建筑工人实名制管理的义务：签约义务；配合管理义务；接受培训义务。

5. 实名制管理的实施

（1）**实名制管理的要求**：先签订劳动合同或用工书面协议后进场施工；对招用的建筑工人进行基本安全培训；在建筑工人实名制管理平台上登记信息；1 年以上（含 1 年）无数据更新的建筑工人，重新进行基本安全培训；进入施工现场的建设单位、承包单位、监理单位的项目管理人员（项目负责人、技术负责人、质量负责人、安全负责人、劳务负责人等）及建筑工人均纳入建筑工人实名制管理范畴。

（2）**实名制信息的内容包括**：基本信息；从业信息；诚信信息等。

（3）**实名制信息的采集要求**：真实、完整、及时核实、实时更新，将采集的信息及时上传相关部门。

（4）**实名制的考勤管理**：施工现场原则上实施封闭式管理，设立进出场门禁系统，采用人脸、指纹、虹膜等生物识别技术进行电子打卡；不具备封闭式管理条件的工程项目，应采用移动定位、电子围栏等技术实施考勤管理。相关电子考勤和图像、影像等电子档案保存期限不少于 3 年。

（5）**实名制管理的费用**：可列入安全文明施工费和管理费。

第三节　实名制备案系统管理程序

考点 30：实名制备案系统及管理程序●

教材点睛　教材 P129～P131

1. 实名制备案系统应用注意事项

（1）企业用工要通过签订劳动合同或用工书面协议、持证上岗、造册和网上录入完成企业实名制管理的基础工作。施工现场是实名制管理的重点，工程项目部对进场劳务队伍数量和进场农民工必须做到人数清、情况明，着重做好日常管理工作。

（2）实行实名制管理必须做好现场封闭式管理，配齐总承包企业和劳务企业的劳务员，配备必要的人员进场识别设备和对人员进行综合统计分析管理的计算机设备。

（3）企业要在做好实名制管理的基础上及时办理人员备案手续。当地建设主管部门应当规范程序、提高效率、提供备案服务工作。

（4）通过实名制管理系统的使用，要达到三个目的：

1）准确掌握入场作业人员的基本情况和数量，保证合法用工。

2）加强农民工工资分配管理，保障按月支付不低于当地最低工资标准的月度工资，保障农民工工资足额发放到本人手中。

3）提高建筑企业劳务管理水平，改进企业劳务管理手段，提高劳务管理效率。

2. 实名制系统的管理包括：施工现场封闭管理；进场人员花名册管理；入场安全教育管理；身份证与居住证管理；劳动合同签订管理；岗位证书管理；工作卡、床头卡管理；施工区人员管理；考勤表与工资表管理。【P129～P131】

巩固练习

1. 【判断题】实施建筑工人实名制管理所需费用不可列入管理费，可列入安全文明施工费。　　　　　　　　　　　　　　　　　　　　　　　　　　　　（　　）

2. 【判断题】劳务分包企业建立每日人员流动台账，并提供相应的人员工资表，完成备案后将相关资料保存至项目竣工决算完成。　　　　　　　　　　　（　　）

3. 【判断题】在施工人员进场当天要提供相关上岗资格证，在劳务分包合同签订后 7天内完成实名制查验、合同备案工作。　　　　　　　　　　　　　　（　　）

4. 【单选题】劳务工人实名制管理可有助于（　　）工作的开展。

A. 规范用工行为　　　　　　　　　　B. 现场卫生管理

C. 现场质量管理　　　　　　　　　　D. 现场节水节电管理

5. 【单选题】以下关于企业做好实名制管理重点的描述中错误的是（　　）。

A. 总承包单位设置劳务管理机构和兼职劳务管理员，制定劳务管理制度

B. 做好劳务管理工作内业资料的收集、整理、归档，切实履行劳务管理的职责

C. 建立劳务费、农民工工资结算兑付情况统计台账

D. 分包单位的劳务员在进场施工前将进场施工人员资料报送总承包商备案

6.【单选题】实名制管理系统中的"双卡"是指(　　)。

A. 工作卡和工资卡　　　　　　　　B. 工资卡和床头卡

C. 床头卡和金融卡　　　　　　　　D. 工作卡和床头卡

7.【单选题】劳务工人实名制信息的内容不包括(　　)。

A. 基本信息　　　　　　　　　　　B. 从业信息

C. 财务信息　　　　　　　　　　　D. 诚信信息

8.【多选题】对于实名制管理工作相关描述错误的是(　　)。

A. 有助于对进场人员的花名册、相关身份证件、岗位证书进行管理查验

B. 有助于避免现场对超龄、低龄、无合法身份员工管理管控

C. 有助于项目治安管控

D. 有助于现场工资的核算、发放及登记备案

E. 有助于项目人力成本的节约

9.【多选题】劳务分包企业工人的工资表应有下列(　　)的签字签章。

A. 工人本人的签字　　　　　　　　B. 施工队负责人签字

C. 总包方项目经理签字　　　　　　D. 劳务分包企业盖章

E. 总包方项目经理部盖章

【答案】1. ×；2. ×；3. ×；4. A；5. A；6. D；7. C；8. CE；9. ABD

第七章　劳务纠纷处理的基本知识

第一节　劳务纠纷常见形式

考点 31：劳务纠纷

教材点睛 | 教材 P132～P134

　　1. 劳务纠纷的分类：因资质问题而产生的纠纷；因履约范围不清而产生的纠纷；因转包而产生的纠纷；因拖欠农民工工资引发的纠纷。

　　2. 劳务纠纷的形式

　　（1）因合同当事人主观原因造成的合同订立时就存在的潜在纠纷

　　1）选择订立合同的形式不当（合同形式有固定价格合同、可调价格合同和成本加酬金价格合同）。

　　2）合同主体不合法或与不具备相应资质的企业签订劳务分包合同或工程分包合同。

　　3）合同条款不全，约定不明确。

　　4）草率签订合同。

　　5）违约责任不明确。

　　（2）合同履约过程中的承包人同发包人之间的经济利益纠纷

巩固练习

　　1.【判断题】劳务纠纷的种类主要有因资质问题、履约范围不清、转包、拖欠工资而产生的纠纷。　　　　　　　　　　　　　　　　　　　　　　　　　　　　（　　）

　　2.【单选题】某劳务分包队伍与某施工总承包企业签订合同后，因其施工工艺不达标且进度滞后严重，施工总承包方要求该劳务企业支付赶工费用 90 万元后，方可支付其剩余 270 万元进度款及 20 万元的变更增加费用。该劳务分包企业最终可获得（　　）万元。

　　A. 180　　　　　　　　　　　　　　　　B. 290

　　C. 270　　　　　　　　　　　　　　　　D. 200

　　3.【多选题】某施工企业与 A 专业分包方签订了 300 万分包合同，其中包含 85 万人工费；A 公司与 B 劳务公司签订了劳务合同后，B 公司将 50 万的劳务合同转包给了 C 劳务公司，C 劳务公司将 20 万的劳务合同转交给了 D 劳务公司。后该项目进行结算时，由于 C 公司已经注销，D 公司前往 B 公司可索要到（　　）劳务费。

　　A. 0 元　　　　　　　　　　　　　　　B. 20 万元

　　C. 50 万元　　　　　　　　　　　　　　D. D 公司签订的合同无效

　　E. D 公司签订的合同有效

第二节 劳务纠纷调解程序

考点 32：劳务纠纷调解●

教材点睛 教材 P134～P135

1. 劳务纠纷调解的基本原则：合法原则；公正原则；及时处理原则；调解为主原则。

2. 劳务纠纷调解的一般程序

（1）申请和受理

1）劳务纠纷发生后，双方当事人都可以自知道或应当知道其权利被侵害之日起的30日内，以口头或者书面的形式向调解委员会提出申请，并填写《调解申请书》。

2）3人以上的劳动者具有共同申请理由的劳务纠纷案件，劳动者一方应当推举代表参加调解活动。

3）调解委员会审查《调解申请书》，并做出是否受理的决定。

（2）调解：调解委员会主任或者调解员主持调解会议，在调查和调解时，应做好相应的笔录。

（3）制作调解协议书或调解意见书

1）调解达成协议，制作调解协议书，写明争议双方当事人的姓名、职务、争议事项、调解结果及其他应说明的事项。

2）调解委员会调解争议的期限为30日，30日后双方协商未果或者达成协议后不履行协议的，双方当事人在法定期限内，可以向仲裁委员会申请仲裁。

巩固练习

1.【判断题】调解委员会应当自当事人申请调解之日起的30日内结束。（   ）

2.【判断题】劳务纠纷调解协议书对争议双方都有约束力。（   ）

3.【单选题】劳务纠纷调解的基本原则不包括（   ）。

A. 合法原则 B. 公开原则

C. 公正原则 D. 及时处理原则

4.【单选题】劳务纠纷调解的一般程序不包括（   ）。

A. 申请和受理 B. 调解

C. 制作调解协议书或调解意见书 D. 申请仲裁

5.【单选题】关于劳动仲裁说法错误的是（   ）。

A. 发生劳动争议的双方都有权利提起劳动仲裁

B. 劳动仲裁中法院的调解书有法律效力

C. 劳动仲裁中人民调解委员会的调解书有法律效力

D. 解决争议时间应自仲裁发起日起算 30 工作日

6. 【多选题】制作调解意见书的情形有(　　)。

A. 双方达不成协议　　　　　　　　B. 调解期限届满而不能结案

C. 调解协议送达后当事人反悔　　　D. 双方达成协议

E. 达成协议后不完全履行协议

【答案】1. √；2. ×；3. B；4. D；5. C；6. ABC

第三节　劳务纠纷解决方法

考点 33：劳动纠纷解决方法★

教材点睛 教材 P135~P136

1. 解决劳务纠纷的合同内方法：承担继续履约责任；按合同赔偿损失；支付违约金；执行定金罚则；采取其他补救措施。

2. 解决劳务纠纷的合同外方法

(1) 发生劳务纠纷，当事人可以按照协商、调解、仲裁、诉讼的顺序，进行处理。

(2) 为尽可能减少建设工程承包合同争议，在签订合同之前，承包人和发包人应认真磋商，切不可急于签约而草率从事。

(3) 在履约过程中双方应当及时交换意见，尽可能将合同争议解决在合同履约过程中。

巩固练习

1. 【判断题】发生劳务纠纷，当事人不愿协商的，可以向调解组织申请调解。(　　)

2. 【判断题】承担继续履约责任也称强制继续履行、依约履行、实际履行。(　　)

3. 【单选题】解决劳务纠纷的合同内方法不包括(　　)。

A. 承担继续履约责任　　　　　　　B. 向调解组织申请调解

C. 支付违约金　　　　　　　　　　D. 按合同赔偿损失

4. 【单选题】某劳务企业与分包单位签订劳务合同，约定订金 50 万元。后因当地人力成本大涨劳务企业通知分包单位需额外增加 25 万元以履行合同，否则将解约。此事件中(　　)。

A. 解约后分包单位应退还订金 50 万元

B. 解约后分包单位不退还订金 50 万元

C. 订金具有惩罚性

D. 约定为定金也可以全额退还

5. 【单选题】某分包企业与材料商签订物料合同，约定定金 50 万元。随后材料商表示物料因市场波动导致价格上涨需变更合同金额，如不同意则可退还定金 25 万元。此事件中(　　)。

A. 材料商应退还定金 50 万元

B. 材料商做法恰当

C. 材料商应退还定金 50 万元及 50 万元赔款

D. 材料商可不退还定金

6.【多选题】某劳务企业在与某分包企业签约时约定：合同总额 200 万元，定金 60 万元。项目实施过程中劳务企业决定单方面解约，以下描述正确的是( )。

A. 分包企业可扣除 60 万元作为赔偿

B. 分包企业可扣除 120 万元作为赔偿

C. 分包企业可扣除 40 万元作为赔偿

D. 分包企业可扣除 80 万元作为赔偿

E. 定金具有惩罚性，违约方将承受双倍定金额度的损失

【答案】1.√；2.√；3.B；4.A；5.C；6.DE

第四节　劳务工资纠纷应急预案

考点 34：工资纠纷应急预案★●

教材点睛　教材 P136～P139

1. 劳务工资纠纷应急预案的主要内容包括：应急预案的目的、编写依据和适用范围；应急机构体系及职责；应急措施；责任处理等。

2. 劳务工资纠纷应急预案的组织实施

(1) 突发事件应急状态描述分为四个阶段：前兆阶段、紧急阶段、谈判阶段、解决阶段。

(2) 应急状态的报告程序

1) 当发现出现纠纷前兆或紧急状态时，相关工作人员必须向有关部门报告。

2) 接到报告的项目经理或各级群体性劳务费纠纷突发事件应急工作组应及时核实情况，并迅速向上一级报告，同时，尽可能控制事态发展。

3) 出现联络障碍不能按上述顺序报告时，可越级上报，直至报告给应急指挥领导小组。

(3) 预案的启动和解除权限：应急小组组长根据劳务工资纠纷的发展情况，宣布启动或解除预案。

(4) 应急资金准备：各施工单位应筹措一定比例资金，专项用于协调解决重大群体性事件的应急资金。

巩固练习

1.【判断题】发生突发事件时，项目部有关人员应当逐级上报，不应越级上报。

( )

2. 【判断题】各施工单位应筹措一定比例资金，作为专项用于协调解决重大群体性事件的应急资金。   （   ）

3. 【单选题】劳务工资纠纷应急预案的适用范围包括（   ）。

A. 劳务纠纷造成结算延误的

B. 劳务纠纷突发事件造成一定社会影响的

C. 劳务纠纷造成办公区人员聚集的

D. 劳务纠纷使建设方延误工程款支付的

4. 【单选题】不属于应急机构体系的是（   ）。

A. 法律援助工作组   B. 行政保障组

C. 医护工作组   D. 保稳定宣传工作组

5. 【单选题】突发事件发生后，应急领导小组成员核实情况属实需要启动应急预案时，应由（   ）宣布进入应急状态，并启动应急预案。

A. 应急领导小组组长   B. 公司保卫部

C. 公司工程管理部   D. 公司总经理

6. 【单选题】应急情况紧急联系电话不包括（   ）。

A. 领导小组办公室电话及联系人电话   B. 火警电话"119"

C. 急救电话"120""999"   D. 当地法院电话

7. 【单选题】项目现场进入应急状态的紧急阶段时，应进行以下（   ）准备。

A. 与分包单位的上级单位取得联系

B. 收集相关考勤表、工资发放表

C. 准备应急车辆及急救药品

D. 收集相关合同备案情况

8. 【多选题】突发事件应急状态主要分为（   ）阶段。

A. 前兆阶段   B. 紧急阶段

C. 谈判阶段   D. 僵持阶段

E. 解决阶段

9. 【多选题】在采取应急措施时，以下描述正确的是（   ）。

A. 通过报警、现场对抗方式控制事态

B. 发生现场紧急情况应第一时间联系上级部门

C. 发生紧急情况现场人员直接联系应急小组成员

D. 当事态紧急并失控时，由现场总指挥决定是否报警

E. 事后追责过程中应对

【答案】1. ×；2. √；3. B；4. C；5. A；6. D；7. C；8. ABCE；9. DE

第八章　社会保险的基本知识

第一节　社会保险的依据与种类

考点 35：社会保险基本特征★●

教材点睛 教材 P140～P148

　　1. 社会保险的基本特征：社会性；强制性；缴费性；互济性；福利性。

　　2. 养老保险由三个部分组成：①基本养老保险；②企业补充养老保险；③个人储蓄性养老保险。

　　3. 工伤保险的特点

　　(1) 工伤保险对象的范围是在生产劳动过程中的劳动者。

　　(2) 工伤保险的责任具有赔偿性。

　　(3) 工伤保险实行无过错责任原则。无论工伤事故的责任归于用人单位还是职工个人或第三者，用人单位均应承担保险责任。

　　(4) 工伤保险不同于养老保险等险种，劳动者不缴纳保险费，全部费用由用人单位负担。即工伤保险的投保人为用人单位。

　　(5) 工伤保险待遇相对优厚，标准较高。

　　(6) 工伤保险作为社会福利，其保障内容比商业意外保险要丰富。除了在工作时的意外伤害，也包括职业病的报销、急性病猝死保险金、丧葬补助（工伤身故）。除现行规定的机动车事故以外，职工在上下班途中受到非本人主要责任的非机动车交通事故或者城市轨道交通、客运轮渡、火车事故伤害，也应当认定为工伤。通常建议将商业意外险作为社保的补充和完善。

　　4. 意外伤害保险

　　(1) 建筑意外伤害保险的保险期限：工程项目开工之日到工程竣工验收合格日。

　　(2) 建筑意外伤害保险的投保：施工企业应在工程项目开工前，办理完投保手续。工程项目中有分包单位由总承包施工企业统一办理、分包单位合理承担投保费用。业主直接发包的工程项目由承包企业直接办理。

巩固练习

1.【判断题】社会保险具有社会性、强制性、缴费性、互济性、福利性的基本特征。

（　　）

2. 【判断题】我国养老保险由基本养老保险和企业补充养老保险两个部分组成。

（ ）

3. 【单选题】以下关于工伤保险描述正确的是（ ）。

A. 工伤保险费用个人承担可较好规避意外风险

B. 工伤保险只对因生产劳动受伤的具有补偿性

C. 上下班途中受到意外伤害不在工伤保险理赔范围

D. 劳动者个人原因受到工伤用人单位也应承担责任

4. 【单选题】以下关于工伤保险的描述错误的是（ ）。

A. 工伤保险待遇较为优厚，但也建议投保商业保险作为补充

B. 因工作原因发生的急性猝死应归属工伤赔偿范围

C. 因第三方造成的工伤，不由用人单位承担责任

D. 工伤保险赔偿可适用于职业病赔偿

5. 【单选题】以下关于建筑意外险的描述错误的是（ ）。

A. 在项目开工后应办理投保手续

B. 保险期限应与工程竣工日期一致，且可自动顺延

C. 各分包单位的建筑意外险由总包单位统一办理

D. 建筑意外险索赔程序较为简便，可及时得到足额赔付

6. 【单选题】关于意外险和工伤保险以下描述正确的是（ ）。

A. 建筑意外险投保人数应与实际进场工作人数一致，否则失效

B. 某员工乘船上班途中遭遇意外受伤，公司以非因工伤拒绝了赔偿

C. 意外保险为法定强制保险，必须缴纳

D. 工伤保险不包括丧葬补助

7. 【单选题】建筑业意外伤害险的保险期限是自工程项目开工之日到（ ）。

A. 工程计划竣工之日   B. 工程实际竣工验收合格之日

C. 工程款结清之日   D. 工程保修结束之日

8. 【多选题】社会保险的基本特征是（ ）。

A. 普惠性   B. 互济性

C. 福利性   D. 强制性

E. 公平性

9. 【多选题】我国养老保险的三个组成部分是（ ）。

A. 企业补充层级   B. 商业补充层级

C. 保险公司补充层级   D. 个人储蓄层级

E. 基本层级

【答案】1.√；2.×；3.D；4.C；5.B；6.C；7.B；8.BCD；9.ADE

第二节　社会保险的管理

考点 36：社会保险的管理●

教材点睛　教材 P148～P150

1. 社会保险费的征收

（1）社会保险费的缴费单位必须按月向社会保险经办机构申报应缴纳的社会保险费数额。

（2）由税务机关征收社会保险费的，社会保险经办机构应当及时向税务机关提供缴费单位社会保险登记、变更登记、注销登记以及缴费申报的情况。

（3）社会保险费缴费单位和缴费个人应当以货币形式全额缴纳社会保险费。缴费个人应当缴纳的社会保险费，由所在单位从其本人工资中代扣代缴。社会保险费用不得减免。

（4）征收的社会保险费存入财政部门在国有商业银行开设的社会保障基金财政专户。社会保险基金按照不同险种的统筹范围，分别建立基本养老保险基金、基本医疗保险基金、失业保险基金。各项社会保险基金分别单独核算。社会保险基金不计征税费。

（5）税务机关应当及时向社会保险经办机构提供缴费单位和缴费个人的缴费情况；社会保险经办机构应当将有关情况汇总，报劳动保障行政部门。

（6）社会保险经办机构应至少每年向缴费个人发送一次基本养老保险、基本医疗保险个人账户通知单。

2. 社会保险争议的解决

（1）《社会保险法》将社会保险争议分别定性为劳动争议与行政争议。

（2）《劳动争议调解仲裁法》规定社会保险案件实行有条件的"一裁终局"。

（3）《社会保险行政争议处理办法》规定了公民、法人或者其他组织可以申请行政复议的 9 种情形【P149】。申请人与经办机构之间发生的属于人民法院受案范围的行政案件，申请人也可以依法直接向人民法院提起行政诉讼。

巩固练习

1.【判断题】缴费单位不按规定申报应缴纳的社会保险费数额的，由社会保险经办机构暂按该单位上月缴费数额的 110％确定应缴数额。　　　　　　　　（　　）

2.【判断题】社会保险经办机构应至少每半年向缴费个人发送一次基本养老保险、基本医疗保险个人账户通知单。　　　　　　　　　　　　　　　　　　（　　）

3.【单选题】社会保险费的缴费单位必须按（　　）向社会保险经办机构申报应缴纳的社会保险费数额。

A. 年　　　　　　　　　　　　　　B. 月

C. 季度　　　　　　　　　　　　　D. 半年

4.【单选题】缴费单位未按规定缴纳和代扣代缴社会保险费的，由劳动保障行政部门或者税务机关责令限期缴纳；逾期仍不缴纳的，除补缴欠缴数额外，从欠缴之日起，按日加收（　　）的滞纳金。

A. 1‰

B. 3‰

C. 2%

D. 2‰

5.【单选题】根据《社会保险行政争议处理办法》规定，公民不能申请行政复议的是（　　）。

A. 认为经办机构未按规定审核社保缴费基数的

B. 认为经办机构拒绝其查询缴费记录的

C. 认为经办机构违法收取费用

D. 就职单位未按规定的缴费基数缴纳社保费用的

6.【单选题】以下关于社会保险的描述正确的是（　　）。

A. 社会保险费缴费基础数据由税务机关提供

B. 社保费征缴情况由税务机关记账记录

C. 用人单位的社会保险费按季度缴纳

D. 社会保险费不因缴费单位纳税额度减免

7.【多选题】以下关于社会保险争议解决描述正确的是（　　）。

A. 由人民调解委员会作出的裁决书具有法律效力

B. 部分社会保险案件可"一裁终局"

C. 社会保险争议当事人可自知道具体行政行为日起 30 日内提请行政复议

D. 社会保险案件只可仲裁、调解，不可提起诉讼

E. 社会保险争端发生后可依照《劳动争议调解仲裁法》相关规定解决

【答案】1.√；2.×；3.B；4.D；5.D；6.D；7.BE

第九章　劳务管理计划与实施

第一节　劳务管理计划的编制与实施

考点 37：劳务计划要点●

> **教材点睛** 教材 P151～P152
>
> **1. 劳务管理计划的主要内容**：劳务用工人员的配备计划；劳务人员教育培训计划；劳务人员考核计划；劳务用工应急预案。
>
> **2. 劳务管理流程【图 9-1，P152】**
>
> **3. 劳务管理计划的实施要求**
>
> （1）掌握企业用工需求变化，合理组织和调剂工程所需劳务队伍，确定劳务队伍和施工作业人员引进渠道、进退场时间，从施工作业人员的数量和质量上为企业实现预定目标提供保证。
>
> （2）使劳务队伍的审核、考察和进场的教育培训和生活后勤管理工作更具有针对性。
>
> （3）使对劳务队伍的日常劳务管理工作更加规范。

巩固练习

1.【判断题】劳务管理计划应根据企业自身施工生产需要和劳动力市场供需状况制定。　　　　　　　　　　　　　　　　　　　　　　　　　（　　）

2.【判断题】通过劳务管理计划的实施，能够掌握企业用工需求变化。　（　　）

3.【单选题】劳务用工数量和工种需求量的预测要围绕工程项目的工期、施工部位和（　　）。

A. 工程量　　　　　　　　　　　　B. 劳务分包合同

C. 施工技术方案　　　　　　　　　D. 材料供应状态

4.【单选题】劳务管理计划的主要内容应包括（　　）。

A. 劳务用工应急预案　　　　　　　B. 劳务用工考核标准

C. 劳务用工工作安排　　　　　　　D. 劳务用工组织计划

5.【单选题】以下关于劳务管理计划的实施要求描述错误的是（　　）。

A. 可掌握劳务队伍的进退场时间

B. 可使得劳务队伍的审核、考察更加具有针对性

C. 可使企业需求变化时合理组织和调剂劳务队伍

D. 可使得劳务队伍的人工成本降低，提高工作效率

6. 【多选题】关于劳务管理过程的描述正确是(　　)。

A. 劳务分包合同签订后应进行备案

B. 劳务作业人员退场后应进行劳务费用支付

C. 劳务作业人员进场后应建立工资表台账

D. 劳务人员进场后应签订劳动合同

E. 劳务作业人员进退场全程都应进行队伍考评

【答案】1.√；2.√；3.A；4.A；5.D；6.AE

第二节　劳务用工需求量计划的编制

考点38：劳务用工的相关计算方法★●

教材点睛 教材 P152～P154

1. 劳务用工需求量预测的原则：劳动定额为依据；围绕企业（项目）的施工组织设计中工程项目的开、竣工日期和施工部位及工程量，测算具体劳务需求的工种和数量。

2. 劳务用工的相关计算方法

(1) 计划平均人数，计划工资总额和计划实际用工的计算

计划平均人数＝计划用工总工日÷计划工期天数

计划工资总额＝计划用工总工日×工日单价

计划实际用工＝计划用工总工日÷计划劳动生产率指数

(2) 计划工人劳动生产率、计划工资总额和计划平均工资的计算

计划工人劳动生产率＝计划施工产值÷计划平均人数

计划工资总额＝计划施工产值×百元产值系数

计划平均工资＝计划工资总额÷计划平均人数

(3) 劳动定额完成情况指标的计算

1) 指标1：执行定额面指标

全部作业工日＝制度内实际作业工日＋加班工日

制度内实际作业工日＝出勤工日－停工工日（非生产工日）

执行定额工日＝全部作业工日－未执行定额工日

执行定额面＝执行定额工日÷全部作业工日×100%

2) 指标2：定额完成程度指标

完成定额工日数＝Σ（完成工作量× 劳动定额）

劳动定额完成程度＝ 完成定额工日数÷ 全部作业工日数×100%

3. 劳务用工需求量计划表【表 9-1，P155】

1. 【判断题】计划平均工资＝计划工资总额÷计划平均产值。 （　　）

2. 【判断题】劳务用工需求量预测的基础依据是预算定额。 （　　）

3. 【判断题】应根据劳务净需求的新增部分，制订具体的补充或调剂计划。 （　　）

4. 【单选题】某工程队有设备安装工人 50 人，月计划完成施工产值 80 万元，其计划工人劳动生产率为（　　）。

A. 1.2 万元/人　　　　　　　　　　B. 1.3 万元/人

C. 1.6 万元/人　　　　　　　　　　D. 1.5 万元/人

5. 【单选题】某工程队有设备安装工人 30 人，月计划完成施工产值 720000 元，百元产值工资系数为 12％，其计划工资总额（　　）。

A. 66400 元　　　　　　　　　　　B. 76400 元

C. 86400 元　　　　　　　　　　　D. 96400 元

6. 【单选题】某工程承包作业 9400m²，计划每平方米单位用工 3 个工日，每个工日单价 30 元，计划工期为 180 天，计划劳动生产率指数为 150％。计划平均人数为（保留整数）（　　）。

A. 147 人　　　　　　　　　　　　B. 157 人

C. 167 人　　　　　　　　　　　　D. 177 人

7. 【单选题】某工程承包作业 8500 平方米，计划每平方米单位用工 5 个工日，每个工日单价 50 元，计划工期为 200 天，计划劳动生产率指数为 150％。计划工资总额（保留整数）（　　）。

A. 1125000 元　　　　　　　　　　B. 2125000 元

C. 3125000 元　　　　　　　　　　D. 4125000 元

8. 【多选题】某施工队有生产工人 100 人，2 月份病事假 36 工日，开会学习 4 工日，公休假日 6 天，加班 900 工日，出差、联系材料 10 工日，其中 2 人为总公司派驻的财会监督人员，其余工人没有执行定额的 400 工日，全月共完成定额工日 2100 工日。2 月份执行定额面及定额完成程度分别是（　　）。

A. 75.77％　　　　　　　　　　　B. 85.77％

C. 54.73％　　　　　　　　　　　D. 64.73％

E. 74.73％

9. 【多选题】劳务需求计划应包括（　　）。

A. 已入场劳务企业的资质证明　　　B. 具体引入时间

C. 待入场劳务企业过往业绩　　　　D. 入场安全教育及住宿管理内容

E. 劳务分包招标投标

【答案】1. ×；2. ×；3. √；4. C；5. C；6. B；7. B；8. BE；9. BDE

第三节　劳务培训计划的编制

考点 39：劳务培训计划编制●

教材点睛　教材 P155～P160

1. 劳务培训需求分析内容：培训需求的层次分析（企业层、岗位层、个人层）；各层职员工培训需求分析；培训需求的阶段分析（现阶段及未来）。

2. 员工培训需求分析的实施过程

(1) 实施流程：前期准备→制定需求调查计划→实施调查工作→分析与输出培训需求结果。

(2) 前期准备工作：收集被培训对象的相关资料。

(3) 制定培训需求调查计划：确定调查内容；确定培训工作目标、计划；选择合适的调查方法。

(4) 分析与输出培训需求结果：归类、整理调查信息；分析、总结需求信息；撰写需求分析报告。

3. 劳务培训计划的主要内容

(1) 劳务培训计划的编制原则：注重系统性原则；理论与实践相结合的原则；培训与提高相结合的原则；人格素质培训与专业素质相结合的原则；人员培训与企业战略文化相适应的原则。

(2) 劳务培训计划的主要内容

1) 建筑业务工人员培训课程组成：分为分必修课和自选课。必修课中包含：针对工程建设需要的施工技术、操作技能、质量管理标准规范；工程项目建设的重要意义，工程、建设及安全文明工地创建的目标要求等课程。

2) 建筑业农民工教育培训包含：安全生产培训；岗位技能培训；新工艺、新工法和施工技术专题培训；普法维权培训；城市生活常识培训。

3) 培训的主要形式：入场教育和日常现场教育；农民工夜校学习；开展技术大比武活动。

巩固练习

1. 【判断题】普法维权培训中包含发生违反治安法规行为，影响社会和谐稳定的有关处罚规定相关内容，并需要参加培训人员进行考试合格后方可结束培训。　　　　（　　　）

2. 【单选题】劳务培训计划编制中应注重（　　　）。

A. 理论与实际相结合的原则

B. 基础常识和技能提高相结合的原则

C. 个人素质和专业技能相结合的原则

D. 人员培训与企业战略文化相适应的原则

3.【单选题】下列各项中，不属于制定培训需求调查计划的是（　　）。

A. 确定培训需求调查的内容

B. 确定培训需求调查的目标和计划

C. 选择合适的培训需求调查方法

D. 选择合适的培训需求调查层面

4.【单选题】下列各项中，不属于培训需求调查方法的是（　　）。

A. 面谈法　　　　　　　　　　　B. 观察法

C. 专家意见法　　　　　　　　　D. 问卷调查法

5.【单选题】劳务培训的内容要注重（　　）三者的兼顾。

A. 知识、技能、态度　　　　　　B. 学历、技能、态度

C. 学历、经验、态度　　　　　　D. 知识、经验、态度

6.【单选题】目前建筑业务工人员培训的内容不包括（　　）。

A. 安全生产常识　　　　　　　　B. 职业基础知识和岗位操作技能

C. 普法维权知识　　　　　　　　D. 个人创业知识

7.【多选题】以下关于劳务培训主要内容的描述正确的是（　　）。

A. 需学习安全生产常识、职业基础知识和岗位操作技能、普法维权的知识

B. 参加人员需学习全部开设的课程并参加相应考试

C. 需针对性的学习工程建设需要的操作技能、质量管理标准规范内容

D. 培训内容不包括计划生育管理、个人卫生保健

E. 可根据项目实际情况和需求组织农民工参加高层次的学历培训

【答案】1. ×；2. D；3. D；4. C；5. A；6. D；7. CE

第四节　劳务培训计划的实施

考点 40：劳务培训计划的实施★●

教材点睛　教材 P160～P164

1. 落实劳务培训师资、教材、场地、资金

（1）师资有两个渠道：一个是外部渠道，另一个是内部渠道。

（2）教材：基础性的培训可使用公开出售的教材；特殊性的培训要围绕培训内容专门编写教材。

（3）场地：根据参加培训的人数、培训的形式确定。

（4）资金（培训经费）：来源有政府出资；劳务企业和个人承担；由企业教育经费解决；由行业协会有偿服务解决。

2. 培训课程的过程管理【图 9-2，P162】

3. 培训效果评估与总结

（1）培训评估意义的体现来自于对培训过程的全程评估。全程评估分为培训前、培

训中及培训后评估。

(2) 员工培训评估的基本步骤：可行性分析及需求分析；选定评估的对象；建立基本的数据库；选择评估方法；决定评估策略；确定评估目标；收集数据；数据分析和解释；培训项目成本收益计算。

(3) 培训总结以根据实际情况写出公正合理的评估报告。

巩固练习

1.【判断题】培训总结中应对本次培训的过程、结果进行描述，并在评估后评价中对培训对象的态度和持久性、培训内容和形式进行评估。 (　　)

2.【判断题】培训总结主要以根据实际情况写出公正合理的评估报告为主要形式。
(　　)

3.【单选题】对广大农民工的普法教育培训、岗位培训主要由(　　)解决。

A. 个人承担　　　　　　　　　　　B. 政府出资

C. 总包单位出资　　　　　　　　　D. 劳务企业出资

4.【单选题】属于培训成本核算的方法是(　　)。

A. 统计方法　　　　　　　　　　　B. 经验估算方法

C. 会计方法　　　　　　　　　　　D. 统计估算法

5.【单选题】总承包企业组织进场务工人员开展的普及培训、现场培训和新工艺、新工法培训经费由企业从(　　)中列支。

A. 农民工工资保障金　　　　　　　B. 教育经费

C. 履约保证金　　　　　　　　　　D. 工会经费

6.【单选题】培训实施过程不包括(　　)。

A. 培训前准备　　　　　　　　　　B. 下发培训通知

C. 招募学员　　　　　　　　　　　D. 培训资料整理、归档

7.【单选题】培训中评估的内容不包括(　　)。

A. 培训对象的态度和持久性　　　　B. 培训的时间安排及强度

C. 培训内容和形式评估　　　　　　D. 培训对象知识、技能和工作态度评估

8.【单选题】员工培训评估的基本步骤不包括(　　)。

A. 评估的可行性分析及需求分析　　B. 选定评估对象

C. 培训总结评估　　　　　　　　　D. 确定评估目标

9.【单选题】评估报告的主要内容不包括(　　)。

A. 参考文献　　　　　　　　　　　B. 概述评估实施的过程

C. 报告提要　　　　　　　　　　　D. 阐述评估结果

10.【多选题】下列各项中，属于实施劳务培训计划需要解决的问题是(　　)。

A. 培训师资　　　　　　　　　　　B. 培训教材

C. 培训方法　　　　　　　　　　　D. 培训场地

E. 培训资金

11.【多选题】采用会计计算培训成本时，以下哪些项目可计入培训教师的费用（　　）。

A. 培训教师的加班费　　　　　　　B. 培训教师的市内交通费

C. 培训教师因参加培训损失的工资　　D. 培训结束后培训教师的招待费用

E. 培训教师的酒店费用

12.【多选题】培训资料准备包括（　　　）。

A. 培训签到表　　　　　　　　　　B. 培训场地租赁协议及押金单

C. 培训教材　　　　　　　　　　　D. 培训学员名单

E. 培训学员总结

【答案】1. ×；2. √；3. B；4. C；5. B；6. C；7. D；8. C；9. A；10. ABDE；11. ABE；12. ACE

第十章 劳务资格审查

考点 41：劳务队伍资质验证劳务人员核验 ●

教材点睛 教材 P165～P167

1. 劳务队伍资质验证重点：劳务资格；企业业绩；企业信用。

2. 劳务人员身份、职业资格的核验

(1) 通用要求：①已签订书面劳动合同或用工书面协议、完成人员备案；②劳务作业工人应经过安全培训和普法维权培训，考核合格后方可入场施工作业；③劳务作业工人应 100％取得工种岗位资格证书。

(2) 劳务施工队人员持证上岗规范标准【P165～P166】

(3) 证书审验标准和工作流程

1) 证书审验标准：①证书版本和格式必须符合国家统一证书核发标准；②证书内文字规范、无涂改、照片处必须加盖钢印；③特种作业、特种设备、建筑行业起重设备操作人员证书必须在有效时间内。

2) 操作流程：

① 实名制备案前，公司（项目）劳务管理部门进行证书审验，专业与劳务分包施工企业负责人或代理负责人必须在场。

② 证书审验合格单位，公司（项目）劳务管理部门开具"劳务分包企业证书审核注册登记备案证明"。

3) 各类人员证书规定

① 劳务分包企业管理人员须持住房和城乡建设部《管理人员岗位证书》。

② 技术工人须持人力资源和社会保障部《职业资格证书》或住房和城乡建设部《职业技能岗位证书》。

③ 特种设备安装人员须持质量技术监督管理局核发的《特种设备作业人员证》。

④ 特种作业操作人员须持住房和城乡建设主管部门核发的《建筑施工特种作业人员操作资格证》。

⑤ 劳务普工须持住房和城乡建设部核发的《职业技能岗位证书》。

4) 注意事项：①对未办理证书审验的专业与劳务分包作业队伍一律不予办理备案手续；②将证书审验工作作为劳务管理考核评价工作指标；③劳务管理部门应积极配合，督促办理证书审验，确保入场作业队伍尽快完成备案手续。

巩固练习

1.【判断题】劳务作业工人应当 100％具备相应工种岗位资格证书。　　（　　）

2.【单选题】以下关于劳务队伍资质验证的说法正确的是（　　）。

A. 通过邀请招标签订合同的劳务企业无需进行资质审核

B. 已进场劳务队伍可通过挂靠具有资质的劳务队伍完成资质审核

C. 与项目工程资质不符的劳务企业不得进场

D. 劳务企业的备案仅限于与其签订合同的施工企业

3.【单选题】以下关于劳务队伍业绩要求的描述正确的是（　　）。

A. 劳务分包队伍可根据实际情况调整工人年龄上限

B. 劳务分包队伍可自行根据项目成本调整质量管理要求

C. 劳务队伍应在要求的时限内提供合规有效的业绩证明文件

D. 劳务分包队伍可短期聘用零散工人而无需实名制备案

4.【单选题】以下关于施工人员上岗要求的描述错误的是（　　）。

A. 进场的劳务人员都应签订劳动合同或用工协议

B. 施工人员劳动合同一式三份，分别保存于劳务分包企业、当事人、总包单位以备查验

C. 劳务作业工人都应具备相应工种岗位资格证书

D. 劳务作业工人的安全培训以宣讲为主，结束后即可上岗

5.【单选题】以下关于施工人员上岗要求的描述正确的是（　　）。

A. 每30人应配备一名专职安全员

B. 仅特种作业工人、一般技术工人需要岗位证书

C. 施工现场不得使用童工或55岁以上工人

D. 每50人应配备一名专职安全员

6.【多选题】以下关于劳务作业人员证书查验流程正确的是（　　）。

A. 证书由劳务公司查验无误后由分包企业办理备案

B. 岗位证书和花名册查验后，再进行实名制备案

C. 证书核验时须有专业监理员和劳务公司代理人在场

D. 证书核验合规的单位由总承包单位统一备案并办理证明文件

E. 证书核验时，职工名册内的无证人员需离开现场

7.【多选题】下列关于劳务队伍资质验证的说法正确的是（　　）。

A. 劳务队伍进场后应进行资质验证，对不符合要求的队伍应及时清退

B. 劳务分包队伍的过往信用记录将影响进场考评

C. 劳务分包队伍临时进行工人数量调整时无需通知分包企业

D. 劳务分包队伍无需对工人进行实名制登记，由分包企业进行

E. 劳务分包队伍应在项目所在地建设主管部门备案。

8.【多选题】下列关于各类上岗资格证的说法正确的是（　　）。

A. 劳务分包企业负责人需持有《管理人员岗位证书》

B. 技术工人需持有《职业资格证书》

C. 普工需持有住房和城乡建设部核发的《职业技能岗位证书》

D. 特种设备电梯安装人员需持有人力资源和社会保障部核发的《特种设备作业人员证》

E. 入场人员所持证书不符合规定的应尽快补充培训并补充鉴定

【答案】1. √；2. C；3. C；4. D；5. C；6. B；7. BD；8. CE

考点 42：劳务分包合同的评审及监督管理★●

教材点睛 教材 P167～P171

1. 劳务分包合同的主要内容和条款【P167～P169】

2. 劳务分包合同的主体与形式

（1）劳务分包合同订立的主体：劳务作业发包人及承包人。建设单位不得直接将劳务作业发包给劳务分包企业或个人。

（2）劳务分包合同的形式：自有劳务承包；零散的劳务承包；成建制的劳务分包。劳务作业分包的含义主要是指成建制的劳务分包。

3. 劳务分包方施工与资源保障能力评价

重点考察申报企业的履约能力，即企业经营、管理、财务能力状况和经营行为及社会信用。

4. 劳务分包合同实施的监督管理要求

（1）对劳务分包合同实施的监督管理要求

1）劳务分包管理信息制度要求：建立劳务分包合同管理信息系统。

2）劳务分包合同监管体系：省（市）建设主管部门、区县建设主管部门。

3）劳务分包合同监督检查方式：定期检查、巡查和联合检查。

（2）建筑劳务分包的禁止性行为和处罚【P171～P173】

巩固练习

1.【判断题】工程承包人收到劳务分包人递交的结算资料后 28 天内进行核实，给予确认或者提出修改意见。（　　）

2.【判断题】劳务分包人施工开始前，工程承包人应获得发包人为施工场地内的自有人员及第三人人员生命财产办理的保险。（　　）

3.【单选题】劳务分包合同的重要条款应包括（　　）。

A. 违约金　　　　　　　　　　　　B. 设备、材料进场时间

C. 保险　　　　　　　　　　　　　D. 工期奖励

4.【单选题】某项目的劳务分包企业向分包企业租赁了一台挖掘机，在一次山体滑坡中该挖掘机严重损毁，关于该事件的赔偿事宜，以下说法正确的是（　　）。

A. 劳务分包企业应赔偿该台挖掘机的直接损失和因此造成的间接工期滞后损失

B. 劳务分包企业如为该挖掘机购买了保险，可由保险公司支付赔偿

C. 应由分包企业投保的保险公司承担相应赔偿责任

D. 该事件是自然灾害，应由劳务分包企业、分包企业共同承担

5.【单选题】某 A 施工分包单位通过邀请招标的形式确定了 B 劳务企业中标，B 劳务企业中标后将其中一个标段由 C 建材企业承包并收取一定管理费，以下说法正确的是（　　）。

A. A 施工分包单位应对 C 建材企业的资质，人员上岗资格等情况进行核对

B. C建材企业的承包合同有效，应受到A、B两家单位的监督管理

C. C建材企业的承包合同有效，应受到B单位的监督管理

D. C建材企业的承包合同无效

6.【单选题】劳务分包合同监督检查方式不包括（　　）。

A. 交接检查　　　　　　　　　　B. 定期检查

C. 联合检查　　　　　　　　　　D. 巡查

7.【多选题】以下关于劳务分包工程量确认说法正确的是（　　）。

A. 采用固定劳务报酬的，应按周、月等约定的时限计算工作量

B. 采用确定的工时计算工作量时，应由工程承包人确认工时真实性

C. 采用确定工作量计算报酬的，应在施工结束后计算工作量

D. 采用确定工作量计算报酬的，超额完成的工作量需得到监理、设计的认可方计入工作量

E. 采用确定工作量计算报酬的，实际工作量与图纸设计工作量不符时，超出部分不予计量

8.【多选题】在对劳务分包合同进行检查时应注意核对（　　）。

A. 除已经签订的合同外是否有另行签订"阴阳合同"的情况

B. 补充协议内容

C. 是否包括大型机械、周转性材料租赁和主要材料采购等内容

D. 劳务合同违约金支付条件

E. 劳务合同履约主体合规性、合法性审查

9.【多选题】A、B、C、D四家劳务分包企业入场施工后，A企业工人与监理发生了肢体冲突；B企业与农民工未签订劳动合同并备案；C企业通过签订双合同的方式承包了一个专项工程；D企业由于分包方在验收合格后未结清款项，将部分已完工程破坏并拒绝交付直至款项结清，以下说法正确的是（　　）。

A. B企业应记入地市级建委信息提示系统和注册建造师信用档案

B. D企业应记入地市级建委信息提示系统和注册建造师信用档案

C. A企业应记入地市级建委信息提示系统和注册建造师信用档案

D. C企业应记入地市级建委信息提示系统和注册建造师信用档案

E. 发生纠纷后当事双方应通过协商、仲裁、诉讼等方式解决矛盾

【答案】1. ×；2. √；3. C；4. C；5. D；6. A；7. BE；8. ABC；9. ABDE

考点43：劳务分包队伍综合评价 ●

教材点睛　教材P173～P175

1. 劳务分包队伍综合评价的内容包括：劳务管理；安全管理；生产管理；技术质量管理；卫生管理；综合素质。

2. 劳务分包队伍综合评价的方法：

（1）考评周期：针对不同工程、不同劳务队伍的实际情况，制定相应考核评价周期。

（2）考评方式：现场检查。

（3）结果反馈

1）凡在公司范围内的劳务作业队伍，经考评不合格的限期整改，并参加考核培训。连续两次考评不合格的队伍，予以公布，并移出合格分包方名录。

2）凡属公司当年新引进队伍，考评不合格，予以公布，并建议签订合同变更或终止协议。

3）凡不配合项目部考评工作或考评周期内发生严重影响社会稳定的违法行为、聚众围堵事件或恶性恶意讨要事件、责任安全事故和质量事故的劳务作业队伍，将按照不合格队伍予以公布。

3. 劳务分包队伍综合评价的标准：实行百分制，考评结果 95 分（含 95 分）以上为优秀；85～94 分为合格；85 分以下（含 85 分）为不合格。

巩固练习

1.【判断题】连续三次考评均不合格队伍，公司劳务主管部门将按照不合格队伍予以公布，并移出合格分包方名录。　　　　　　　　　　　　　　　　　　（　　）

2.【判断题】工人工资未及时、足额支付是劳务分包作业队伍考评的否决项目。（　　）

3.【单选题】劳务分包队伍综合评价的方法不包括（　　）。

A. 考评周期　　　　　　　　　　B. 考评方式

C. 劳务管理　　　　　　　　　　D. 信息反馈

4.【单选题】以下关于劳务分包考评项描述正确的是（　　）。

A. 应着重对合同履约监管、工资支付、人员管理考察

B. 突发事件处理与工人工资未及时支付同等重要

C. 农民工夜校管与职业病防护同等重要

D. 食堂卫生不如质量保证重要

5.【单选题】某劳务企业的综合考评分数为 85 分，以下描述不正确的是（　　）。

A. 该劳务企业不可继续在施工分包企业劳务队伍名单中出现

B. 该企业可继续承担在施工分包任务

C. 该劳务企业如一次考评分为 85，第二次考评分为 97，则应移出该施工分包公司劳务队伍名单

D. 该考评结果应以书面形式公布

6.【多选题】劳务分包队伍综合评价的内容包括（　　）。

A. 劳务管理　　　　　　　　　　B. 安全管理

C. 生产管理　　　　　　　　　　D. 技术质量管理

E. 行政管理

【答案】1. ×；2. √；3. C；4. A；5. C；6. ABCD

第十一章　劳务分包款及人员工资管理

劳务分包款管理

考点44：劳务分包款管理●

教材点睛 教材 P176～P178

1. 劳务分包合同价款：包括工人工资、文明施工及环保费中的人工费、管理费、劳动保护费、各项保险费、低值易耗材料费、工具用具费、利润等。

2. 劳务分包合同价款的确定方式及应用范围

（1）发包人、承包人约定劳务分包合同价款计算方式：固定合同价款、建筑面积综合单价、工种工日单价、综合工日单价四种方式。

（2）固定合同价款总价被承包人接受以后，一般不得变动。

（3）建筑面积综合单价适用于一个劳务分包单位承担绝大部分劳务工作的情况。建筑面积综合单价按分部分项工程分别计算平方米单价，或按统一建筑面积确定平方米单价；辅材、小型机具和劳保用品所需费用可折算成平方米单价，包含在承包价中。

（4）工种工日单价按定额单价确定各工种的工日单价。

（5）综合工日单价包含：工人工资、劳动保护费、管理费、各项保险费用、临时设施费用、文明施工环保费用、利润、税金；不包含中小型施工机具、设备费，劳务作业周转费，低值易耗材料费。

（6）暂估价不适用于劳务分包工程的计价。

3. 劳务分包合同价款必须明确的内容

（1）发包人将工程劳务作业发包给一个承包人的，应按分部工程分别约定。

（2）工人工资、管理费、工具用具费、低值易耗材料费等应分别约定。

（3）承包低值易耗材料的，应当明确材料价款总额，并明确材料款的支付时间、方式。

（4）劳务分包合同价格风险幅度范围应明确约定，超过风险幅度范围的，应当及时按约定调整。

4. 劳务分包合同价款结算的时间限制：发、承包人每月 20 日前以书面形式确认完成作业量及应付合同价款；总承包企业自收到劳务分包承包人提交的结算之日起 28 日内完成审核，并书面答复承包人；逾期不答复的，视为发包人同意承包人提交的结算资料。

5. 劳务分包合同价款支付的有关规定【P177～P178】

1.【判断题】发包人、承包人约定劳务分包合同价款计算方式时，采用"暂估价"方式约定合同价款。   （   ）

2.【单选题】某项目采用固定总价合同，以建筑面积综合单价为计量单位与劳务队伍约定：需对设计图纸中 $500m^2$ 的阶梯式看台涂刷油漆，施工完成后劳务施工队伍认为实际工作量为 $850m^2$ 要求据此结算。以下说法正确的是（   ）。

    A. 实际施工面积如确实为 $850m^2$，应据此结算

    B. 双方重新核对实际施工面积后再行商榷

    C. 可折中后按 $725m^2$ 结算

    D. 本合同为固定总价合同，应按预定的 $500m^2$ 结算

3.【单选题】劳务费除工人工资、管理费、临设费用、文明施工环保费、利润和税金外还包括（   ）。

    A. 安全措施费　　　　　　　　　　B. 各项保险费用

    C. 中小型施工机具　　　　　　　　D. 劳务作业周转费

4.【单选题】某劳务企业以劳务合同为名承包了某钢结构分包方的幕墙分项工程，在施工结算时由于钢结构分包方企业负责人失联，尚有 300 万元进度款未结清且拖欠了 50 万元农民工工资。下列说法正确的是（   ）。

    A. 总承包方应先行给付 300 万元款项

    B. 总承包方应先行给付 350 万元款项

    C. 总承包方不应对此负责

    D. 总承包方应先行给付 50 万元款项

5.【多选题】劳务分包合同构成部分有（   ）。

    A. 安全措施费　　　　　　　　　　B. 农民工工资

    C. 二次搬运费　　　　　　　　　　D. 管理费

    E. 人工费

6.【多选题】劳务分包队伍完成结算工作后向发包人提交了资料并要求给付价款，发包人在收到结算资料后 30 天表示工程质量不符要求，需返工重做后再行给付价款，以下说法正确的是（   ）。

    A. 如发包人未支付工程款导致农民工工资拖欠的，应立即结清拖欠的全部农民工工资

    B. 发包人可以现金、商票形式给付工程款

    C. 发包人收到结算资料后应在限期内提出异议或结清款项

    D. 发包人可在月度工作量确认单中对工作量提出质疑，如无误应在 7 天内支付价款

    E. 发包人应在每月 20 日之前对劳务作业量和应付价款予以确认

【答案】1. ×；2. D；3. B；4. D；5. DE；6. DE

考点 45：劳务人员工资管理★●

教材点睛 教材 P178～P190

1. 建设单位关于劳务人员工资支付的责任

(1) 按照约定工程款计量周期、工程款进度结算办法以及人工费用拨付周期足额支付。人工费用拨付周期不得超过 1 个月。

(2) 加强对施工总承包单位按时足额支付农民工工资的监督。

(3) 未按照合同约定及时拨付工程款导致农民工工资拖欠时，应以未结清的工程款为限，先行垫付被拖欠的农民工工资。

(4) 督促施工总承包单位加强劳动用工管理，妥善处理与农民工工资支付相关的矛盾纠纷。

2. 施工总承包单位关于劳务人员工资支付的责任

(1) 在与分包单位依法订立书面分包合同时，应约定工程款计量周期、工程款进度结算办法。

(2) 按照有关规定开设农民工工资专用账户，并妥善保存开户资料备查。

(3) 按规定在工资专用账户中存储工资保证金；工资保证金实行差异化存储办法，对一定时期内未发生工资拖欠的单位实行减免措施，对发生工资拖欠的单位适当提高存储比例。

(4) 对分包单位劳动用工和工资发放等情况进行监督。

(5) 分包单位拖欠农民工工资的，由施工总承包单位先行清偿，再依法进行追偿。工程建设项目转包，拖欠农民工工资的，由施工总承包单位先行清偿，再依法进行追偿。

3. 劳务分包单位关于劳务人员工资支付的责任：对所招用农民工的实名制管理和工资支付负直接责任。

4. 劳务员核实劳务人员工资发放情况的注意事项

(1) 核实是否设立农民工工资专用账户。

(2) 核实农民工工资专用账户是否备案。

(3) 核实是否编制农民工工资表并进行公示和确认。

(4) 核实务工人员工资是否实际支付。

5. 劳务人员个人工资台账管理

(1) 考勤表、工资表与工资台账管理的重要性：工资分配依据；支付依据；调解劳务纠纷的依据。

(2) 建立考勤表、工资表与工资台账。【表 11-4～表 11-8，P185～P189】

6. 违反工资支付的法律责任【P184～P190】

巩固练习

1.【判断题】在与分包单位依法订立书面分包合同时，应约定工程款计量周期、工程

款进度结算办法。 （　　）

2.【单选题】下列（　　）行为，由人力资源社会保障行政部门责令限期改正，逾期不改正的，对当事单位处 2 万元以上 5 万元以下的罚款。

A. 拒绝支付农民工加班费

B. 拒绝农民工在原籍的医保报销

C. 以烟酒抵价一部分农民工年终奖

D. 拒绝农民工个人承包劳务工作

3.【单选题】下列（　　）行为，由人力资源社会保障行政部门、相关行业工程建设主管部门责令限期改正，逾期不改正的，对当事单位处 5 万元以上 10 万元以下的罚款。

A. 总包单位在现场设立维权信息公示牌

B. 施工总承包单位未对分包单位劳动用工实施监督管理

C. 劳务分包单位使用 62 岁工人在现场从事高处作业

D. 总包单位未对劳务合同进行备案、审查

4.【多选题】关于劳务台账描述正确的是（　　）。

A. 劳务队伍的人员流动台账应每月记录以掌握务工人员流动情况

B. 工资支付表应与劳务分包付款节点一致

C. 对于因施工需求而增减的人员，应实时更新于现场花名册并进行考勤记录

D. 劳务费结算台账和支付凭证是劳务管理重要资料

E. 工资支付表应与考勤记录、劳务结算台账一致，不一致时应以台账为准进行调整

5.【多选题】劳务工资管理的重要资料有（　　）。

A. 工资支付凭证　　　　　　　　　　B. 农民工个人综合评价

C. 考勤表和身份证复印件　　　　　　D. 工资表及工资台账

E. 劳务队伍过往信用记录

6.【多选题】关于劳务费用和劳务工资以下说法错误的是（　　）。

A. 劳务费结算资料应有施工队伍所在企业签字盖章

B. 工资表中的工人签字需为本人签字

C. 劳务队伍人数变化应按月或按季度更新记录

D. 劳务费结算时需与工人考勤表一直，并留存备案

E. 工资表中人员姓名、数量等信息应与实际施工人员情况一致

7.【多选题】下列（　　）行为由人力资源社会保障行政部门、相关行业工程建设主管部门责令限期改正，逾期不改正的，责令项目停工并处当事单位 5 万元以上 10 万元以下的罚款。

A. 建设单位未依法提供工程款支付担保

B. 建设单位指定分包商，并要求总包免去相关管理费

C. 建设单位未及时拨付工程款

D. 建设单位无法提供农民工工资专用账户有关资料

E. 建设单位未及时拨付人工费

8.【多选题】（　　）行为会导致对当事单位处 5 万元以上 10 万元以下的罚款，并由人力资源社会保障行政部门、相关行业工程建设主管部门按责令限期改正，情节严重的施

工单位限制承接新工程。

    A. 总包单位未在项目现场对分包方的劳动用工实施监督管理

    B. 施工总承包单位、分包单位未实行劳动用工实名制管理

    C. 分包单位未配合总包单位对劳务用工人数变化进行实时更新

    D. 施工总承包单位未按规定开设农民工工资专用账户

    E. 总包单位由于人手不足从分包单位借调管理人员，并拒绝支付报酬

    9.【多选题】不依法配合人力资源社会保障行政部门查询相关单位金融账户的，将(   )。

    A. 由当地住房和城乡建设部门责令改正

    B. 处 5 万元以上 10 万元以下的罚款

    C. 由金融监管部门责令改正

    D. 拒不改正的处 2 万元以上 5 万元以下的罚款

    E. 由项目所在地人民政府责令改正

【答案】1. √；2. C；3. B；4. CD；5. AD；6. CD；7. AD；8. BD；9. CD

第十二章　劳务纠纷处理

考点 46：劳务人员工资纠纷应急预案及实施★●

教材点睛　教材 P191～P194

　　1. 劳务人员工资纠纷应急处理的原则：先行垫付原则、优先支付原则、违法分包承担连带责任原则、及时裁决和强制执行原则。

　　2. 组织实施劳务人员工资纠纷应急预案

　　(1) 劳务人员工资纠纷应急处理的组织管理系统包括：劳务纠纷及突发事件管理机构；职责分类及责任落实到人；应急情况报警电话。

　　(2) 劳务人员工资纠纷的主要表现形式和纠纷原因

　　1) 劳务人员工资纠纷表现形式：企业内部矛盾激化；围堵总承包企业和政府机关；聚众上访、提出仲裁和司法诉讼。

　　2) 劳务人员工资纠纷的主要原因：拖欠工程款引发的工资纠纷；单位内部劳务管理混乱引发的工资纠纷；由于劳务合同争议引发的工资纠纷；违法分包引发的工资纠纷；"恶意讨薪"引发的工资纠纷。

　　(3) 解决劳务人员工资纠纷的主要方法和途径

　　1) 解决劳务人员工资纠纷的主要方法

　　① 建立农民工工资的约束和保障机制。　　⑤ 提高农民工的法律维权意识。

　　② 建立企业信用档案制度。　　⑥ 严格"两个规范"从源头杜绝

　　③ 建立日常工作机制和监督机制。　　纠纷事件。

　　④ 建立欠薪应急周转金制度。　　⑦ 用法律手段解决工资拖欠问题。

　　2) 解决劳务人员工资纠纷的主要途径：由建设单位或总承包单位先行支付；责令用人单位按期支付工资和赔偿金；通过法律途径解决。

巩固练习

　　1.【判断题】劳务分包企业应建立劳务人员工资纠纷应急处理的组织管理系统。

（　　）

　　2.【判断题】用人单位拖欠工资经协商无效，可以向当地劳动保障监察机构举报投诉。

（　　）

　　3.【单选题】发生劳务纠纷事件后现场人员应立即上报（　　）。

　　A. 农民工所属单位负责人　　　　　　B. 项目经理

　　C. 农民工及劳务工作领导小组　　　　D. 本单位企业负责人

　　4.【单选题】关于劳资纠纷中总承包单位领导小组职责的描述正确的是（　　）。

A. 项目经理是群体事件第一责任人

B. 公司法定代表人是群体事件第一责任人

C. 确保紧急情况不要事态升级

D. 紧急情况时出面调解

5.【单选题】以下属于劳资纠纷紧急阶段的是(　　)。

A. 聚集至建设单位办公机关,妨碍正常办公

B. 围堵建设单位管理人员

C. 聚集至项目部干扰正常办公

D. 应撤场但占据施工场地或生活区拒不撤场

6.【单选题】某劳务工人被劳务企业拖欠了工资,以下(　　)不是解决途径。

A. 提请劳动仲裁要求劳务企业支付工资

B. 提请诉讼劳动仲裁要求劳务企业支付工资,并由施工总包方承担连带责任

C. 提请诉讼要求劳务企业支付工资,并由建设单位承担连带责任

D. 前往建设单位或施工企业、劳务企业办公地点堵门滋事

7.【多选题】以下符合劳资纠纷应急处理时可遵循"先行垫付"处理的有(　　)。

A. 由于发生工伤,受伤工人及家属要求施工总包方先行支付医疗费

B. 劳务分包队伍工头代领工资后失联,工人前往总包单位讨要说法

C. 建设单位要求总包单位先行垫付场地平整费用

D. 建设单位制定的分包方要求总承包企业支付开工前人工费

E. 总包单位因工程款未全额支付为由拒绝支付农民工工资,工人要求建设单位处理

8.【多选题】以下符合劳资纠纷应急处理时可遵循"优先支付"处理的有(　　)。

A. 分包公司由于工程质量问题被总包方清退离场后失联,分包劳务工人尚有 30 万元年终奖未发放

B. 总承包方拖欠分包商 58 万元进度款,分包方自开工以来拖欠管理人员社保 20万元

C. 总承包方索回了建设单位拖欠的 120 万元进度款,同时拖欠了材料商 110 万元货款

D. 总承包方索回了建设单位拖欠的 120 万元进度款,同时拖欠了劳务企业 180 万元农民工工资

E. 分包商拖欠了工程机械方的 80 万元租金,由从总包处索回的 20 万元商票支付

9.【多选题】以下符合劳资纠纷应急处理时可遵循"违法分包承担连带责任"处理的有(　　)。

A. 总包方将钢结构分包工程交由劳务分包方实施,后该工程因质量问题而发生的建设合同纠纷

B. 分包方将劳务分包合同交由中间人签订后,农民工发生劳资纠纷,总包方向分包方提起诉讼

C. 分包方项目管理人员与劳务分包队伍串标被曝光后,总包单位要求分包单位做出就此事的处罚结果

D. 建设单位指定的建材供应方进场后要求签署总包劳务合同,总包方拒绝后被建设

单位解除合同

  E. 建设单位项目管理人员将建材供应方指定为总包劳务方,总包方在发生劳资纠纷后向建设单位提起诉讼

10.【多选题】以下符合劳资纠纷应急处理时可遵循"及时裁决和强制执行"处理的有( )。

  A. 农民工因拖欠工资提起劳动仲裁

  B. 农民工在休息日外出途中遭遇车祸,要求劳务企业按工伤赔偿未果

  C. 农民工遭遇工伤后,劳务单位拒绝配合工伤鉴定并支付工伤赔偿

  D. 农民工因口角与工友发生纠纷,要求劳务企业前期垫付一定医疗费用

  E. 农民工因同时在两个施工现场工作,因耽误工作进度被其中一家劳务单位辞退

11.【多选题】以下不属于劳资纠纷主要原因的有( )。

  A. 建设单位或总承包单位未支付工程款引发的工资纠纷

  B. 因验收标准不一致导致的结算困难

  C. 劳务分包单位违规使用无证劳务人员导致的返工

  D. 分包单位违法分包引发的工资纠纷

  E. 劳务分包队伍与分包单位因实际工程量不一致导致的纠纷

  【答案】1. ×;2. √;3. C;4. A;5. A;6. D;7. BE;8. AD;9. BE;10. AC;11. BC

考点 47:处理劳务纠纷的方式和办法 ●

> **教材点睛** 教材 P194~P199
>
> **1. 判断劳务纠纷性质及其原因**
>
>   (1) 劳务纠纷的性质:多发性、经济利益主导性、地域集中性、矛盾激化性、无照经营性。
>
>   (2) 劳务纠纷的原因
>
>   1) 由于未签订劳动合同引发的劳务纠纷。
>
>   2) 由于违法分包引发的劳务纠纷。
>
>   3) 由于未签或分包合同约定不明确引发的劳务纠纷。
>
>   4) 由于"包工头"挂靠成建制企业引起的劳务纠纷。
>
>   5) 名为劳务分包实为工程分包引起的劳务纠纷。
>
> **2. 劳务纠纷处置的主要方式和办法**
>
>   (1) 劳务纠纷处置的主要方式:和解、调解、仲裁、诉讼。
>
>   (2) 劳务纠纷处置的方法
>
>   1) 积极磋商,争取协商解决。
>
>   2) 通过仲裁、诉讼的方式解决纠纷,重视时效,及时主张权利。
>
> **3. 解决劳务纠纷的对策**
>
>   (1) 推行建筑业劳务基地化管理。

（2）选择劳务队伍采用招标方式。

（3）加强和落实劳务分包合同管理。

（4）实施规范化劳务管理，推广建筑业务工人员实名制。

（5）切实加强建筑劳务合同实施过程管理。

（6）切实加强劳务分包作业人员的考勤管理、工资发放管理、档案管理。

巩固练习

1.【判断题】劳务纠纷集体争议呈现突发性强、人数多、处理难度大的特点。（　　）

2.【判断题】每月由劳务分包队伍在规定日期做好上月劳务人员的工资清单，应在现场公示 1 天。（　　）

3.【单选题】劳务纠纷处置的主要方式不包括（　　）。

A. 仲裁　　　　　　　　　　　　　B. 和解

C. 调解　　　　　　　　　　　　　D. 搁置

4.【单选题】劳动纠纷的性质不包括（　　）。

A. 劳务纠纷多发性　　　　　　　　B. 经济利益主导性

C. 劳务纠纷地域广泛性　　　　　　D. 矛盾激化性

5.【单选题】某分包企业与劳务企业签订了劳务分包合同，同时实质内容为工程分包的补充协议，以下说法中正确的是（　　）。

A. 该合同如被法院认定为工程分包合同，则签定方需负相应的工程合同履约、质量保证等责任

B. 该项目总承包单位不对该分包企业二次分包行为责任，不利后果由该分包企业承担

C. 如后续签订的补充协议被认定无效，相应的合同款不予退还

D. 如劳务合同执行中发生纠纷，首选解决途径是起诉至法院

6.【多题】A 劳务企业与 B 分包企业项目管理责任人签订了劳务分包合同，且此人与 B 公司无劳动关系，以下说法错误的是（　　）。

A. 该合同可认定为无效合同，且可追究该人员法律责任

B. 如此人可提供 B 企业出具的授权委托书，可认定为该合同有效

C. 如签订合同时 A 企业明知此人与 B 企业无有效授权关系，仍签约的需 A 企业承担相应损失

D. 如签订合同时 A 企业明知此人与 B 企业无有效授权关系，仍签约的需 B 企业承担损失

E. 此类劳务纠纷为合同约定不明确引起的

【答案】1. √；2. ×；3. D；4. C；5. A；6. DE

考点 48：工伤事故善后处理 ★●

教材点睛 教材 P199～P204

1. 工伤及工伤事故的认定：根据《工伤保险法》第十四、十五条规定执行。

2. 工伤或伤亡职工的治疗与抚恤包括：

（1）医疗费

（2）误工费（停工留薪期待遇）

（3）护理费

（4）职工因工致残享受的待遇

（5）因工死亡赔偿

（6）非法用工伤亡赔偿

（7）工伤职工有下列情形之一的，停止享受工伤保险待遇：

① 丧失享受待遇条件的；

② 拒不接受劳动能力鉴定的；

③ 拒绝治疗的；

④ 被判刑正在收监执行的。

3. 工伤及伤亡保险事项的处理

（1）工伤认定申请主体：用人单位、受伤害职工或者其直系亲属、工会组织。

（2）工伤认定管辖：劳动保障行政部门。

（3）工伤认定申请时限

1）用人单位申请工伤认定时限：30 日。

2）受伤害职工或者其直系亲属、工会组织申请工伤认定时限：1 年。

（4）工伤认定材料提交

1）填写由社会保险行政部门统一制定的《工伤认定申请表》。

2）劳动合同文本复印件或其他建立劳动关系的有效证明。

3）医疗机构出具的受伤后诊断证明书或者职业病诊断证明书（或者职业病诊断鉴定书）。

申请人提供材料不完整的，劳动保障行政部门应当当场或者在 15 个工作日内以书面形式一次性告知工伤认定申请人需要补正的全部材料。

（5）受理或不予受理：劳动保障部门受理或不予受理，均应当书面告知申请人并说明理由。

（6）证据的调查核实：劳动保障部门应派两名以上人员共同进行，取证时应出示证件，并依法履行法定保密义务。

（7）举证责任原则：谁主张，谁举证。

（8）工伤认定决定包括工伤或视同工伤的认定决定和不属于工伤或不视同工伤的认定决定。

（9）送达与抄送：劳动保障行政部门应当自工伤认定决定做出之日起 20 个工作日内，送达工伤认定申请人以及受伤害职工（或其直系亲属）和用人单位，并抄送社会保险经办机构。

（10）复议或诉讼：对不予受理决定不服或者对工伤认定决定不服的，可以依法申请行政复议或者提起行政诉讼。

1.【判断题】工伤停工留薪期一般不超过 6 个月。　　　　　　　　　　（　　）

2.【判断题】工伤是由工作引起并在工作过程中发生的事故伤害和职业病伤害。

（　　）

3.【单选题】工伤职工在治疗非工伤引发的疾病时（　　）。

A. 可以享受工伤医疗待遇　　　　　　B. 不可以享受工伤医疗待遇

C. 由职工个人自费　　　　　　　　　D. 由工会组织解决费用

4.【单选题】以下关于工伤待遇的描述正确的是（　　）。

A. 某员工遭遇工伤后经积极治疗部分恢复了劳动能力，但仍需后续康复治疗时可享工伤待遇

B. 某员工遭遇工伤后被刑事拘留，入狱期间可享工伤待遇

C. 某员工遭遇工伤后原公司破产，工伤待遇就此终止

D. 某员工遭遇严重工伤，但经手术及后续康复治疗完全恢复了劳动能力，仍可享工伤待遇

5.【单选题】某员工在工作时受伤并提请用人单位进行工伤鉴定，用人单位拒绝了该请求后，该员工可（　　）。

A. 由工会组织直接依法申请工伤鉴定

B. 自受伤之日起 2 年内，由该员工父母向劳动保障行政部门提请工伤鉴定

C. 直接向劳动保障行政部门申请工伤赔偿

D. 要求企业直接支付工伤赔偿

6.【多选题】某员工遭遇工伤并被鉴定为四级伤残，以下描述错误的是（　　）。

A. 该员工工伤住院期间工资应按原标准持续发放

B. 公司可按该员工原工资 60％发放工资，并从工伤保险中支付医疗费用

C. 该员工可一次性领取 18 个月本人工资或按月领取原工资的 75％作为伤残津贴

D. 该员工遭遇工伤后可享受医疗费、误工费、护理费的福利待遇

E. 非工伤保险药品目录内的药品需员工自费购买

7.【多选题】某员工遭遇严重工伤后原公司申请了破产程序，以下说法正确的是（　　）。

A. 该员工的工伤认定费用由用人单位负担

B. 企业破产程序不受该员工工伤保险待遇费用及未结清工资影响

C. 如该企业转让，继承单位无需承担后续工伤保险责任

D. 如该员工系见义勇为遭遇严重伤害或失踪，不可认定为工伤

E. 遭遇工伤后停薪留职期一般不超过 12 个月，特殊情况可申请延长 12 个月

8.【多选题】在进行工伤认定申请时，以下步骤做法错误的是（　　）。

A. 填写公司出具的《工伤认定申请表》，并由公司领导签字审批

B. 特殊情况下申请期限可由劳动保障行政部门同意后延长

C. 用人单位应在伤害发生之日起 30 日内发起工伤认定申请

D. 员工及其直系亲属应在伤害发生之日起 30 日内发起工伤认定申请

E. 提交公司内部管理手册

9.【多选题】某施工企业员工受雇于注册地在 A 地的公司，在 B 地工作期间被借调到 C 公司工作并遭遇工伤，以下说法正确的是(　　)。

A. 该员工的工伤赔偿应由 C 公司负责

B. 该员工的工伤赔偿应由 A 公司负责

C. 该员工如因工伤丧失劳动能力，公司可予以无责解除合同

D. 该员工如因工伤丧失劳动能力，非本人申请公司不得解除合同

E. 该员工因工伤造成的后续治疗费用、安装假肢及义体费用可由工伤赔偿支付

【答案】1. ×；2. √；3. B；4. A；5. B；6. BC；7. AE；8. ADE；9. BDE

第十三章 劳务资料管理

考点 49：收集、整理劳务管理资料●

教材点睛 教材 P205～P208

1. 劳务管理资料的种类与内容

（1）总承包企业劳务管理资料和基本内容

1）劳务分包合同

2）中标通知书和新劳务队伍引进考核表

3）劳务费结算台账和支付凭证

4）人员增减台账

5）农民工夜校资料

6）日常检查记录

7）劳务作业队伍考评表

8）突发事件应急预案

9）总承包企业或分公司管理文件汇编

10）劳务员岗位证书

11）行业和企业对劳务单位的综合评价资料

（2）分包企业劳务管理资料和基本内容

1）劳务作业人员花名册和身份证明

2）劳务作业人员劳动合同

3）劳务作业人员工资表和考勤表

4）施工作业人员岗位技能证书

5）施工队长备案手册

6）劳务分包合同及劳务作业人员备案证明

7）劳务员岗位证书

8）行业和企业对劳务单位的信用评价资料

2. 建立劳务资料目录，并登记造册

（1）总包企业劳务资料管理【表 13-1，P207】

（2）分包企业劳务资料管理【P208】

巩固练习

1.【判断题】某总包单位劳务员在进行资料整理时，发现突发事件应急预案中缺少了劳务作业花名册资料，后经沟通由项目部补交了劳务作业花名册资料的复印件，劳务员将其归档保存。（　　）

2.【判断题】签订劳务分包合同时，可以使用分公司或者项目经理的公章。（　　）

3.【单选题】以下关于分包企业劳务资料种类的说法正确的是（　　）。

A. 应收集劳务分包企业的人员花名册、劳动合同、工资发放公示表、岗位技能证书

B. 应收集劳务分包企业过往 3 年的业绩资料

C. 应收集劳务分包企业过往 3 年的信用评价资料

D. 应收集项目款结算台账

4. 【单选题】劳务分包企业进入施工现场人员的花名册，必须由下列（　　）单位审核盖章。

A. 总承包企业 　　　　　　　　　　B. 工程监理单位

C. 工程质量监督单位 　　　　　　　D. 当地建设主管部门

5. 【单选题】下列不属于分包企业劳务管理资料的内容是（　　）。

A. 劳务分包合同 　　　　　　　　　B. 分包企业的综合评价资料

C. 中标通知书 　　　　　　　　　　D. 劳务员岗位证书

6. 【多选题】下列属于总包企业劳务资料管理内容的是（　　）。

A. 劳务分包合同 　　　　　　　　　B. 农民工培训资料

C. 日常检查记录 　　　　　　　　　D. 劳务员的工资表和考勤表

E. 劳务员个人工资台账

【答案】1. ×；2. ×；3. C；4. D；5. D；6. ABC

考点 50：编制劳务管理资料档案

教材点睛 教材 P208

1. 劳务管理资料档案的编制要求

（1）劳务资料必须真实准确，与实际情况相符。

（2）劳务资料要保证字迹清晰、图样清晰，表格整洁，签字盖章手续完备，打印版的资料，签名栏须手签，照片采用照片档案相册管理，要求图像清晰，文字说明准确。

（3）归档的资料要求配有档案目录，档案资料必须真实、有效、完整。

（4）按照"一案一卷"的档案资料管理原则进行规范整理。

2. 劳务管理资料档案的保管

（1）劳务管理资料档案最低保存年限：合同协议类、文件记录类、劳务费发放类均为 8 年，统计报表类 5 年。

（2）档案柜架摆放要科学和便于查找。

（3）要定期对保管期限已满的档案进行鉴定，准确地判定档案的存毁。

（4）档案管理人员要认真做好劳务档案的归档工作。

（5）档案资料使用统一规格的文件盒、文件夹进行管理保存。

3. 劳务管理资料的安全防护措施

（1）劳务管理资料不得乱存乱放，查阅后要及时放回档案柜中，以防丢失或损坏。

（2）存放劳务管理资料档案的库房一定要考虑防火防水的措施。

（3）存放劳务管理资料的档案柜架要科学和便于查找。

（4）建立严格的借阅制度，档案资料管理人员应定期提醒借阅人员归还，保证档案资料的完整性。

（5）对重要的劳务管理资料档案进行备份。

1.【判断题】档案文字可用红色水笔填写，文字要求清晰准确；档案资料中的重要部分应扫描后以电子形式存档，经主管领导审批后销毁已电子存档资料。 （ ）

2.【判断题】存放劳务管理资料档案的库房一定要考虑防火防水的措施。 （ ）

3.【单选题】关于劳务资料管理的说法正确的是( )。

A. 统计报表类资料最低保存期限不低于 3 年

B. 合同协议类最低保存期限不低于 5 年

C. 档案借阅制度应中应明确借阅人姓名、联系方式、归还时间

D. 电梯资料应与设备设施资料一同组卷

4.【单选题】下列各项中，不属于劳务管理档案资料编制要求的是( )。

A. 真实   B. 有效

C. 完整   D. 电子化

【答案】1. ×；2. √；3. C；4. D